_____ 님께

감사의 마음을 담아 드립니다.

무릎으로 드리는
교회학교 교사기도문

2015년 11월 10일 초판 1쇄 발행
2020년 01월 15일 초판 4쇄 인쇄

지은이 ㅣ 박예원 임언지 목윤희 문관숙
펴낸이 ㅣ 황성연
펴낸곳 ㅣ 도서출판 청우
등록번호 ㅣ 제 2001-000055호
주소 ㅣ 경기도 파주시 광탄면 혜음로 883번길 39-32 (분수리)
총판 ㅣ 하늘물류센터
전화·팩스 ㅣ T.(031)906-0011 F.(0505)365-0011
ISBN ㅣ 978-89-94846-29-3 03230

이 책은 저작권법에 의해 보호를 받는 저작물이므로 무단전재 및 복제를 금합니다.
잘못 만들어진 책은 구입하신 서점에서 바꾸어 드립니다.

무릎으로 드리는
교회학교 교사기도문

| 박예원 임언지 목윤희 문관숙 지음 |

청우

❤ 책을 펴내며

> 그가 어떤 사람은 사도로, 어떤 사람은 선지자로, 어떤 사람은 복음 전하는 자로, 어떤 사람은 목사와 교사로 삼으셨으니 이는 성도를 온전하게 하여 봉사의 일을 하게 하며 그리스도의 몸을 세우려 하심이라 (엡 4:11-12)

오늘날 여러 가지 이유로 교회와 교회학교가 예전과 같이 활발하지 못하고 침체되어 성장하지 못하며 복음의 능력이 약하여졌음을 부인하지 않을 수 없다. 이는 부르심을 받은 우리들이 세상풍조에 휩쓸려 적당히 타협하며 세상 사람들과 구별되지 못함 때문이 아닌가 싶다.

이렇게 떠밀려가다가는 한국 교회의 결과는 불을 보듯 뻔하다. 유럽의 교회가 그랬고 미국의 교회들도 별반 다르지 않다. 지금 우리가 정신을 차리지 않으면 다음세대는 무엇을 보고 배울 것인가? 생각만 해도 섬뜩하다.

지금 이 나라는 가치관이 흔들리고 이단들이 난무하며 교회마저 외면당하고 있다. 하지만 여전히 어린이는 이 나라의 소망이요 희망이다. 그러므로 우리의 자녀인 다음세대의 양육은 강조하고 또 강조해도 부족하리라.

지금 재 위에서 무릎을 꿇고 마음을 찢으며 회개하고 돌아서야 한다. 누구를 탓하기보다 교사인 나부터 처음 사랑을 회복하며 새롭게 변화되기 위하여 전심을 다해 기도해야 한다. 주님은 회개하며 돌아오는 자를 외면하지 않으시며 은혜를 베풀어 주시는 분임을 우린 잘 알고 있다.

지식은 많으나 말씀이 없으며, 말씀은 있으나 깊이가 없고 힘이 없는 것은 기도가 부족함에 원인이 있지 않을까 생각한다.

 하나님의 나라는 말에 있지 않고 능력에 있다고 성경에 기록되어 있다. 세상적인 성공을 이룬 자들을 보더라도 맡겨진 일을 적당히 처리하며 시간만 낭비하는 자들은 없다. 실패를 거듭하면서도 밤잠을 줄여가며 포기하지 않고 꿈꾸는 자들에게만 성공은 허락된다.

 하물며 천하보다 귀한 어린 생명을 위탁받은 교사로서 기도와 헌신 없이, 소홀하고 적당히 시간만 채우고 심지 않고서 어찌 거둘 수 있겠는가!

지금은 은혜받을 만한 때요 지금은 구원의 날이라고 했다. 지금부터라도 초심으로 돌아가 기도하며 헌신하자. 그 분의 은혜를 힘입기 위하여 무릎을 꿇자.

여기에 기록된 기도문은 같은 마음을 가지고 계신 분들에게 조금이라도 도움이 되길 바라며 모아 보았다. 아무쪼록 여러분들의 기도와 편달을 바란다.

하나님이 교회 중에 몇을 세우셨으니 첫째는 사도요 둘째는 선지자요 셋째는 교사요 그 다음은 능력을 행하는 자요 그 다음은 병 고치는 은사와 서로 돕는 것과 다스리는 것과 각종 방언을 말하는 것이라 (고전 12:28)

_ 편집자

CONTENTS

책을 펴내며 4
교사 사명선언문 12
교사 십계명 14

1부. 주님 제가 교사입니다

주님 제가 교사입니다 … 18
양떼인 아이들을 잘 돌보게 하옵소서 … 20
아이들 눈높이로 가르치게 하옵소서 … 22
항상 배우고 노력하는 교사가 되게 하소서 … 24
기쁨으로 감당하는 교사가 되게 하옵소서 … 26
하나님께서 저에게 하셨듯이 … 28
세상과 교회 속에서 언제나 우리는 교사입니다 … 30
대가를 지불할 줄 아는 교사가 되길 원합니다 … 32
아이들을 가르치는 교회학교 교사들이 사명을
잘 간직하길 바라며 … 34
말씀을 사랑하는 교사 되게 하소서 … 36
학생들을 깊이 위로하는 교사 되게 하소서 … 38
다음세대를 바로 세워 주옵소서 … 40
좋은 프로그램을 기획할 수 있도록 지혜를 주옵소서 … 42
여름 성경학교를 앞두고 … 44
부활절 기도 … 46
성탄절 기도 (1) … 48
성탄절 기도 (2) … 50

2부. 교회학교 아이들의 믿음을 위한 기도

온 마음 다해 드리는 예배 … 56
구원의 은총을 베푸소서 … 58
믿음의 사람이 되게 하소서 … 60
믿음의 사람을 본받게 하옵소서 … 62
회심을 위한 기도 … 64
첫 언어를 배우는 아가들을 위한 기도 … 66
고난을 향해 걸어가는 진짜 믿음의 사람들
되게 하옵소서 … 68
살아 있는 생명을 존중하는 그리스도인이
되게 하옵소서 … 70
말씀과 지혜를 사모하게 하소서 … 72
창조주 하나님을 찬양하는 아이들이 되길 바라며 … 74
참 믿음을 가진 하나님의 자녀가 되길 바라며 … 76
범사에 감사하는 아이들이 되길 … 78
사랑하는 학생들의 예배를 위한 기도 … 80
사랑하는 학생들의 구원의 확신을 위한 기도 … 82
사랑하는 학생들의 성결함을 위한 기도 … 84
결석과 지각이 잦은 아이를 위한 기도 … 86
성품을 위한 기도 … 88

3부. 교회학교 아이들의 생활을 위한 기도

정직하고 성실한 사람이 되게 하옵소서 … 94

스마트 폰과 게임에서 자유롭게 하소서 … 96

친구들과 아름다운 사귐을 주옵소서 … 98

결핍을 이겨 내게 하소서 … 100

하나님이 계획한 완전한 결혼을 꿈꾸게 하소서 … 102

돈과 물질에 대해 정직한 그리스도인
되게 하옵소서 … 104

가난한 부모님 연약한 부모님 안에서 하나님을
발견하게 하소서 … 106

잘못을 인정하는 용기를 가진 사람이
되게 하옵소서 … 108

부지런하며 작은 일에도 최선을 다하게 하소서 … 110

하나님이 만드신 자연을 소중하게 다루길 바라며 … 112

아이들의 부모님이 하나님의 뜻대로 자녀들을
양육할 수 있기를 바라며 … 114

좋은 친구들을 만나길 바라며 … 116

각종 자극적인 게임과 미디어로부터 건강한 몸과 마음을
지키길 바라며 … 118

사랑하는 학생들의 가정을 위한 기도 … 120

사랑하는 학생들의 학교를 위한 기도 … 122

사랑하는 학생들의 소속감을 위한 기도 … 124

꿈을 기억하게 하여 주소서 … 126

4부. 교회학교 아이들의 꿈을 위한 기도

아이들에게 꿈을 허락하소서 … 132
하나님이 주신 재능을 잘 계발하게 하소서 … 134
배움의 기쁨을 알게 하소서 … 136
하나님의 마음을 주소서 … 138
성공하지 못한 사람을 위한 기도 … 140
침묵을 견뎌 내게 하소서 … 142
거룩한 직업 의식을 갖게 하옵소서 … 144
나누며 흘려보내는 삶을 살게 하소서 … 146
공감 능력을 가진 리더가 되게 하옵소서 … 148
하나님의 문화를 창조하는 사람이 되게 하옵소서 … 150
자기를 존중하며 사랑하게 하옵소서 … 152
사람을 세우는 사람이 되게 하옵소서 … 154
꿈꾸게 하옵소서 하나님의 소망을 말하게 하옵소서 … 156
바른 가치관을 위해 … 158
주신 재능을 잘 살려 하나님께 영광 돌리길 바라며 … 160
사랑하는 학생들의 세계관을 위한 기도 … 162
학생들을 축복하는 기도 … 164

부록.1 학생 기록 카드 168
부록.2 학생 출석부 172
부록.3 학생을 위한 기도 노트 180

교사 사명 선언문

나는 주님의 몸 된 교회 가운데 하나님의 자녀들을 가르치는 교사로 하나님의 부르심을 받았으며, 그 부르심에 합당한 상을 위해 달려간다.
교사가 그리스도께서 세우신 거룩하고 소중한 직분임을 믿고, 하나님께서 맡기신 영혼들을 예수 그리스도의 심장으로 사랑하며 섬길 것을 약속한다.

이에 나의 약속과 다짐을 하나님께 고백함으로 사명을 확인한다.

1. 교회학교 교사로서 하나님을 향한 예배와 경건 생활뿐만 아니라 삶의 모든 부분에서 학생들의 모범이 된다.

2. 교회학교 교사로서 하나님의 부르심에 순종해 성경을 읽고 연구하며, 신앙에 대한 이해를 높이는 모든 교육에 열심히 참여한다.

3. 교회학교 교사로서 교회의 조화와 비전을 위해 함께 노력한다.

4. 교회학교 교사로서 학생들을 사랑하며 그들을 위해 항상 기도한다.

5. 교회학교 교사로서 교회학교의 성장을 위해 전도와 양육에 힘쓰며 헌신한다.

너희 안에서 행하시는 이는 하나님이시니 자기의 기쁘신 뜻을 위하여 너희에게 소원을 두고 행하게 하시나니(빌 2:13)

교사 십계명

제1계명 먹여라!
우리를 먹이신 예수님처럼 먹여라

제2계명 친구가 되어라!
우리의 친구 되신 예수님처럼 친구가 되어라

제3계명 이해하라!
인간으로 오신 예수님처럼 이해하라

제4계명 살려라!
찾을 때까지 찾으시는 주님처럼 아이들을 반드시 살려라

제5계명 사랑하라!
사랑 자체이신 예수님처럼 죽도록 사랑하라

제6계명 기도하라!
예수님이 기도하신 것처럼 믿음으로 기도하라

제7계명 입양하라!
우리를 가족으로 부르신 주님처럼 자녀로 입양하라

제8계명 자유케 하라!
우리 모습 그대로 받으신 주님처럼 아이를
아이답게 하라

제9계명 포가하지 말라!
끝까지 포기하지 않으신 주님처럼 포기하지 말라

제10계명 축복하라!
주님이 원수 같은 우리라도 축복하신 것처럼 축복하라

_ 교사십계명, 하정완, 나눔사, 2007.

말씀하시되 나를 따라오라
내가 너희를 사람을 낚는 어부가
되게 하리라 하시니

_ 마태복음 4:19

1부

주님, 제가 교사입니다

주님 제가 교사입니다

> 내 사랑하는 형제들아 견실하며 흔들리지 말고 항상 주의 일에 더욱 힘쓰는 자들이 되라 이는 너희 수고가 주 안에서 헛되지 않은 줄 앎이라(고전 15:58)

하나님 아버지!

저를 교사로 세워 주셔서 감사드립니다. 부족하고 연약하지만 순종하는 마음으로 헌신하겠습니다. 먼저 주님을 본받는 교사가 되게 하시고 사명감과 열정으로 충만케 하여 주시옵소서.

한 영혼을 천하보다 귀하게 여기시는 하나님!

사랑하는 아이들이 주님의 말씀을 듣고 배우며 구원에 이르게 하시고 지혜가 자라고 여러 사람에게 사랑받는 성품으로 변화되게 도와주시옵소서.

사랑의 하나님!

아이들을 솔선수범과 온유함으로 가르치기를 원하오니 제 자신을 먼저 갈고 닦으며 성령의 능력으로 충만해지도록 도와주옵소서. 무엇보다 성경을 올바르게 배우고 깨달아서 잘 전달할 수 있게 하여 주옵소서. 아이들이 이해할 수 있는 눈높이로 전할 수 있도록 지혜와 능력을 더하여 주시옵소서.
하나님 아버지, 아이들이 지루해 하지 않고 흥미를 가지고 경청할 수 있도록 늘 준비하고 노력하는 교사가 되기를 원합니다. 도와주시옵소서.
주님, 맡겨 주신 아이들을 사랑과 정성으로 품고 기도하는 교사로서 최선을 다할 때 주님께 잘했다 칭찬받는 교사요, 주님의 사랑받는 자녀가 되기를 간절히 원합니다. 맡겨 주신 교사의 직분이 너무 귀하기에 주님의 내주하시는 은혜와 사랑을 힘입지 않고는 결코 감당하기 어렵사오니 긍휼을 베푸시어 주님의 공급하시는 사랑과 믿음으로 감당케 하여 주시옵소서.
주님, 어떤 어려움과 도전이 오더라도 절대로 포기하지 않게 하시고 오래 참음으로 열매 맺는 교사가 되도록 한없는 은총을 베풀어 주옵소서.
저희들을 끝까지 사랑하시는 예수 그리스도의 이름으로 간절히 기도드립니다. 아멘

양떼인 아이들을 잘 돌보게 하옵소서

푯대를 향하여 그리스도 예수 안에서 하나님이 위에서 부르신 부름의 상을 위하여 달려가노라(빌 3:14)

우리를 언제나 푸른 초장과 쉴 만한 물가로 인도하시는 목자이신 하나님 아버지를 찬양합니다.
주님, 사랑하는 아이들이 마음 아파하고 힘들어 하는 모습을 볼 때 너무 안타깝습니다. 어린 시절에 누구나 겪는 일이라고 쉽게 넘어갈 문제가 아님을 잘 압니다. 작은 것 하나라도 허투루 흘려보내지 않게 하시고 귀 기울이는 마음을 허락하여 주옵소서. 아이들이 학교에서 학원으로 이어지는 공부에 지치고, 또 어떤 아이들은 친구들의 따돌림과 폭력에 시달리기도 합니다. 주님, 저들을 불쌍히 여겨주시기를 이 시간 눈물로 기도드립니다. 심지어 가정에서조차 고통받는 아이들이 있다면 누구에게 아픔을 호소하고 위로를 받을 수 있겠습니까. 아이들 마음이 흔들리고 잘못된 길로 빠질 수밖에 없음은 너무도 자명합니다.

사랑의 주님, 저들의 상처를 싸매 주시고 위로하여 주옵소서. 교사인 저 자신이 기도로만 그치지 않게 하시고 아이들의 상처 난 마음을 보듬을 수 있도록 은혜를 베풀어 주시옵소서. 항상 아이들을 위해서 기도하며 격려와 사랑으로 힘이 될 수 있도록 도와주옵소서.

은혜로우신 주님!

우리 아이들이 어려움 닥칠 때 낙심하고 좌절하지 않게 하시고, 당당히 맞서 싸울 수 있는 용기를 주옵소서. 마음을 강하고 담대히 하라 내가 너와 함께함이니라 놀라지 말고 두려워 말라 하신 주님의 말씀의 능력으로 아이들을 붙잡아 주시옵소서. 과거의 상처에 매인 삶이 아니라 아픔을 극복하고 꿈과 희망을 가지고 힘 있게 나아가는 아이들이 되도록 함께하심을 믿고 감사드립니다.

선한 목자 되신 예수 그리스도 이름으로 간절히 기도드립니다. 아멘

아이들 눈높이로 가르치게 하옵소서

> 도리어 복을 빌라 이를 위하여 너희가 부르심을 받았으니 이는 복을 이어받게 하려 하심이라(벧전 3:9)

사랑이 많으신 하나님 아버지!

저희들을 사랑하셔서 육신을 입으시고 인간 세상에 오심을 감사드립니다. 무지한 저희들이 우리 하나님의 높고 크신 섭리와 끝없는 사랑을 어찌 알 수 있겠습니까. 저희와 같은 모습으로 친히 오셔서 본을 보이시고 주님의 제자들을 가르치시며 하나님의 나라를 선포하여 주심을 감사드립니다.

주님, 한없는 은혜로 저희에게 맡기신 교사의 직분을 감당함에 있어 아이들과 눈높이를 맞추기를 원합니다. 도와주시옵소서. 부족함이 많을지라도 순종함으로 나아가오니 주님의 은혜와 성령으로 함께 하여 주옵소서.

한 영혼을 천하보다 귀하게 여기시는 하나님의 마음을 저의 심령 속에 부어 주시길 원합니다. 아버지의 마음으로 다가가길 원합니다. 아이들이 제 마음을 알아 주지 못해도 포기하지 않게 하시고 오히려 어긋난 길로 갈지라도 오래 참을 수 있게 도와주옵소서.

사랑하는 주님!

저들이 아직 어리고 죄의 속성을 잘 알지 못할지라도 하나님의 구원이 꼭 필요한 존재임을 알게 하여 주옵소서. 아직은 인격적으로 미성숙하기에 더더욱 예수 안에서 참된 가치관과 예수님의 성품을 닮아가도록 기도와 가르침을 쉬지 않게 하옵소서.

주님!

저 자신이 먼저 아버지의 마음을 헤아리며 새롭게 변화되어 아이들에게 생명의 복음을 전달하는 도구가 되게 하옵소서. 아이들의 변화된 모습, 기뻐하는 모습, 감사와 자유가 넘치는 모습을 바라봅니다. 오직 주님만이 영광을 받으시옵소서.

예수 그리스도의 이름으로 간절히 기도드립니다.

아멘

항상 배우고 노력하는 교사가 되게 하소서

> 누구든지 내 이름으로 이런 어린 아이 하나를 영접하면 곧 나를 영접함이요 누구든지 나를 영접하면 나를 영접함이 아니요 나를 보내신 이를 영접함이니라(막 9:37)

하나님 아버지!

부족하고 연약한 저를 교사로 세워 주심을 감사드립니다. 항상 배우기를 게을리 하지 않게 하시고 모든 면에서 철저한 준비와 노력을 아끼지 않는 교사가 되도록 은혜를 베풀어 주옵소서.

주여, 무엇보다 그리스도의 마음을 부어 주옵소서. 영혼을 사랑하는 마음을 주옵소서. 부족하기에 더 주님께 가까이 나아가며 도우심을 구하는 기도의 사람이 되게 하여 주옵소서. 언제나 주님이 함께하시고 큰 능력으로 역사하여 주옵소서. 갈수록 가치관이 다양해지고 사회가 세분화되어 복잡하기만 한 세상에서, 오직 변함없으신 주님을 바라보며 말씀을 올바로 깨닫고 행함의 열매를 맺게 하옵소서.

주여, 믿음을 주옵소서. 내 힘과 지식만으론 감당할 수 없음을 고백합니다. 주님의 기쁘신 뜻을 마음의 소원으로 넘치게 하옵소서.

주여, 우리 아이들이 너무 힘들어 합니다. 학교와 학원의 선행 학습과 공부 제일주의로 내몰려, 올바른 가치관을 배우지도 못하고 인간관계와 도덕적인 사람으로 사회에 공헌하는 인재로 다듬어지지도 못합니다. 자신감과 창의력이 부족하오니 주여, 은혜를 베푸시어 성경으로 잘 양육될 수 있도록 도와주옵소서.

사람이 온 천하를 얻고도 자기 목숨을 잃으면 무슨 유익이 있으며 목숨이 몸보다 중요하며, 몸이 의복보다 중요함을 알게 하옵소서. 우리 아이들이 주님의 말씀으로 양육되고 배워서 남을 도와주고 베푸는 삶과 주님의 제자로서의 사명을 감당하게 하옵소서. 항상 배우고 노력하는 저와 아이들이 되도록 주님께서 도우시고 은총을 베풀어 주옵소서.

예수 그리스도의 이름으로 기도드립니다. 아멘

기쁨으로 감당하는 교사가 되게 하옵소서

> 너희가 전에는 어둠이더니 이제는 주 안에서 빛이라 빛의 자녀들처럼 행하라 빛의 열매는 모든 착함과 의로움과 진실함에 있느니라(엡 5:8,9)

사랑의 주님!

날마다 우리의 짐을 져 주시고 힘 주심을 감사드립니다. 주님, 사랑하는 아이들이 학교 공부와 학원 숙제에 너무 힘들어 합니다. 어떻게 지도하고 이끌어야 할지 모르겠습니다.

한창 뛰어놀고 싶은 나이임에도 불구하고 학교와 사회와 부모님의 요구와 기대를 저버릴 수 없는 현실입니다. 주님께서는 각자에게 맞는 재능과 소질을 주셨는데, 학교와 가정의 교육이 이를 따라가지 못하고, 교회학교의 교육도 영향을 받습니다.

하나님 아버지!

근본적으로 학교와 사회 교육이 새롭게 되고 변화되게 하옵소서. 학벌과 스펙 위주의 선발과 채용을 지양하고, 인성과 재능을 겸비하고 창의적인 인재들이 합당한 대우를 받는 사회가 되게 하옵소서. 우리나라 교육과 사회 체계를 주님의 뜻대로 새롭게 하여 주옵소서.

사랑의 주님!

간절히 기도합니다. 교사인 저 자신에게와 우리 아이들에게 지혜를 주셔서, 세상 풍조를 따르지 않고서도 뒤처지지 않고 앞서 나갈 수 있는 믿음과 은혜를 베풀어 주옵소서.

주님!

우리 하나님이 기뻐하시는 뜻이 아이들의 마음속에 소원으로 불이 일듯 하게 하시고, 자신에게 주신 재능이 무엇인지 깨닫게 하옵소서.

먼저 그 나라와 그의 의를 구하라고 하신 하나님!

가장 소중한 것이 무엇인지, 지금 시점에서 무엇을 우선시해야 되는지 하나님의 지혜로 깨닫게 하시고 최선을 다하는 우리 모두가 되게 하옵소서.

예수님의 이름으로 기도드립니다. 아멘

하나님께서 저에게 하셨듯이

> 우리 주 예수 그리스도로 말미암아 우리에게 승리를 주시는 하나님께 감사하노니(고전 15:57)

사람을 지으실 때 생기를 불어 넣으심으로 인간의 마음 가운데 하나님의 형상을 새겨 넣으신 아버지 하나님께서는 인생을 포기하지 않으시고 끝까지 인도하시는 분이심을 압니다.

저를 끝까지 따라오셔서 예수의 심장을 닮게 하셨고, 또 누군가의 심장을 예수의 심장으로 바꾸도록 소명을 주셔서 이 자리에게 서게 하심을 감사드립니다.

주님, 저에게도 하나님처럼 인생을 향한 기대하는 열정과 꿈쩍하지 않는 바위 앞에서도 포기하지 않고 날카로운 말씀의 정으로 끊임없이 두드리고 두드리는 석공의 열심을 주옵소서.

목자이신 예수 그리스도께서 나의 죄 때문에 아파하시고 피눈물로 기도하셨듯이, 양들의 현실적 삶을 공유하며 구체적으로 그들을 위해 기도하는 교사가 되게 하옵소서. 저로 하여금 양들이 울 때, 웃을 때, 기뻐할 때, 외로울 때, 고민하며 방황할 때 모든 상황에서 함께 있어 주길 원하는 그런 사람이 되게 하옵소서. 그들에게 저의 말을 전하는 것이 아니라 하나님의 말씀을 전달하며 소통하는 진정한 주님의 제자가 되게 하옵소서.

진리의 주님!

교사인 제가 어느 날 현실적인 물질의 어려움 앞에 놓였을 때, 사회적 약자의 배경으로 세상 앞에 무릎 꿇은 채 눈물 흘릴 때, 그럼에도 불구하고 "저여야만 합니다."라는 믿음의 고백으로 교사의 자리를 포기하지 않게 하여 주옵소서.

어려운 순간이 올수록 이 믿음의 고백이 저를 사랑하고 품으시는 하나님의 임재를 경험하게 하여 다시 일어서는 교사가 되길 원합니다.

언제나 저이기를 원하셨던 예수 그리스도의 이름으로 기도드립니다. 아멘

세상과 교회 속에서 언제나
우리는 교사입니다

너희 빛이 사람 앞에 비치게 하여 그들로 너희 착한 행실을 보고
하늘에 계신 너희 아버지께 영광을 돌리게 하라(마 5:15)

은혜가 영원하신 하나님 아버지!

구원자 되신 예수 그리스도께서 어둠에 갇혔던 우리를 비추어 하나님 나라로 들어가도록 인도하셨음을 선포하며 감사드립니다.

이제 그 빛은 우리 마음속에 들어와 계십니다. 여전히 우리를 비추시는 하나님의 빛은 세상 어둠 속에서 우리가 어디로 가야할지 보여 주십니다.

빛이 사라지도록 유혹하는 세상에 맞서 의지와 힘과 믿음으로 굳건히 싸워 빛 되신 예수님을 붙잡게 하옵소서.

하나님 아버지!

빛을 발견하였으나 곧 잃어버린 채 주님을 따라가지 못하는 죽은 그리스도인이 되지 않기를 힘써 기

도합니다. 또한 이미 죽었음에도 살아 있는 것처럼 위장하여 말씀을 가르치는 교사가 되지 않기를 더욱 간절히 기도합니다.

세상 속에서 언제나 진정한 교사의 모습으로 살게 하옵소서. 저의 착한 행실이 그리스도인임을 밝히는 증거가 되게 하옵소서. 나를 드러내는 위장된 빛이 아니라 하나님을 영광스럽게 하는 빛을 보이게 하옵소서.

우리 안의 빛 되신 주님이 우리를 통해 세상 밖으로 발현되기를 기도합니다. 가르칠 때와 공부할 때와 일할 때와 쉴 때, 잠잘 때와 먹을 때와 즐거울 때와 슬플 때, 언제라도 그리스도를 증거하는 교사임을 잊지 않고 살아가도록 도와주옵소서.

하나님을 향한 우리 결단을 귀하게 여기시며 격려해 주시는 빛 되신 예수 그리스도의 이름으로 기도드립니다. 아멘

대가를 지불할 줄 아는 교사가
되길 원합니다

> 자녀이면 또한 상속자 곧 하나님의 상속자요 그리스도와 함께 한 상속자니 우리가 그와 함께 영광을 받기 위하여 고난도 함께 받아야 할 것이니라 (롬 8:17)

사랑이 많으신 하나님!
한 마리 잃은 양을 찾기 위해 자신에게 다가올지도 모를 위험을 무릅쓰고 달려가신 예수님을 닮게 하옵소서.
교사는 가르치는 것과 노동과 봉사에 대한 대가를 받는 자리가 아니지만 대가를 받는 어떤 직업보다 자부심을 가지고 이 자리를 지켜, 물질이 아닌 하나님의 은혜를 받게 하옵소서.
혹시라도 내가 누려야 할 승진의 기회와 물질의 축복과 더 좋은 곳으로의 이동이 있을지라도 교사의 자리와 바꾸는 어리석음을 범하지 않게 하옵소서.
말씀의 연구에 시간을 드리고, 학생들을 만나는 것에 우선순위를 두게 하옵소서.

교사의 자리를 지키는 것에 마땅히 대가를 지불하는 용기를 발휘할 때에 우리 아이들이 그리스도를 만나는 시간이 가까이 다가올 것임을 확신합니다.
은혜로우신 주님!
교사는 아이들이 그리스도를 만나고, 행동이 변화되어 인생의 목적을 찾아가는 사람이 되도록 하는 자리임을 깨달아 이것을 위해 최선을 다하게 하옵소서.
우리를 위해 모든 것을 버리신 예수 그리스도의 이름으로 기도드립니다. 아멘

아이들을 가르치는 교회학교 교사들이 사명을 잘 간직하길 바라며

> 너는 말씀을 전파하라 때를 얻든지 못 얻든지 항상 힘쓰라 범사에 오래 참음과 가르침으로 경책하며 경계하며 권하라(딤후 4:2)

진정한 스승이신 하나님!

우리 아이들을 하나님의 사랑으로 가르치는 선생님들을 위해 기도합니다. 선생님들은 영혼의 소중함을 알고 아이들을 사랑하고 가르치는 일에 보람을 갖기에 교사가 되었고 아이들을 만납니다. 언제나 아이들에게 하나님의 말씀을 좀 더 뜨겁게 전하고 하나님께서 원하시는 대로 아이들이 살도록 돕기 위해 기도하며 준비합니다. 하지만 매일 매일 아이들과 생활하는 가운데 때때로 지치고 힘든 날들도 있을 줄 압니다. 마음 같지 않게 행동하는 아이들, 붙들고자 하면 더 멀어지고 도망가 버리는 아이들을 보며 낙심하고 실망할 때가 많을 것입니다.

오직 주님만 바라보며 섬기는 가운데 사람들의 격려와 위로가 필요할 때도 있습니다.

하나님! 하나님의 마음으로 아이들을 만나는 교회학교 선생님들에게 처음 마음을 늘 간직하게 해 주시고 아이들을 향한 사랑을 버리지 않게 하옵소서. 다음세대에게 하나님의 뜻을 가르치는 위대한 사명을 받은 교사의 직분이 얼마나 소중한지 매일 매일 생각나게 하옵소서. 힘들고 지칠 때에도 다시 일어설 힘을 허락하여 주옵소서. 외롭다고 느껴질 때 손잡고 위로하여 주옵소서.

무엇보다 교사들도 하나님 앞에 작은 한 영혼입니다. 교사들이 먼저 하나님 앞에서 바르게 서도록 말씀으로 깨닫게 하시고 날마다 주님의 뜻을 구하는 믿음을 허락하여 주옵소서.

선생님들의 모습만 보아도 아이들이 그들의 삶을 보며 그 옷자락을 잡고 따라가게 하옵소서.

진실로 우리의 참 선생님이신 예수 그리스도의 이름으로 기도드립니다. 아멘

말씀을 사랑하는 교사 되게 하소서

> 나는 인애를 원하고 제사를 원하지 아니하며 번제보다 하나님을 아는 것을 원하노라(호 6:6)

하나님, 제게 맡기신 아이들에게 하나님 말씀을 잘 가르치기를 원합니다. 저를 만났던 아이들의 삶에 제가 사 주었던 간식이나 베풀었던 친절보다 하나님의 말씀이 더 깊이 남기를 원합니다.

하나님, 제가 주야로 주님의 말씀을 묵상하는 복된 자가 되게 하옵소서. 바쁘다고 핑계대지 않고, 부지런히 말씀을 보게 하옵소서. 아이들의 영원한 삶을 준비시키는 교회학교 교사로서 제가 말씀도 제대로 모르고 말씀을 읽지도, 연구하지도 않는다면 저는 정말 죄를 짓고 있는 것입니다.

주님, 저의 게으름을 용서해 주옵소서. 소경이 소경을 인도하는 꼴이 되지 않기를 간절히 바랍니다. 아이들이 궁금해서 물어오는 내용마다 시원하게 대답해 줄 수 있도록, 늘 주님의 지혜를 구하고 대답

할 말을 준비하는 충성된 교사가 되게 하옵소서.
제가 가르친 학생들이 이단에 빠지는 일이 없게 하시고 주님의 말씀을 떠나는 일이 없도록 보호해 주옵소서.
제 마음에 교사의 직분이 짐이 되는 것이 아니라 사모하는 마음으로 날마다 헌신할 수 있도록 인도해 주옵소서.
저를 만난 아이들마다 하나님 말씀을 즐거워하고 말씀을 꿀송이보다 더 달게 여기며 스스로 성경을 찾아 읽고 암송하고 공부하고자 하는 놀라운 일이 일어나게 하옵소서.
제가 말씀을 잘 연구할 수 있도록 교회 안에 좋은 영적 스승들을 두시고 늘 겸손히 배우는 자리에 있도록 도와주옵소서.
모르면서 아는 척 하지 않게 해 주시고, 말씀 앞에서는 언제나 겸손한 자가 되도록 해 주옵소서.
성령이 친히 스승 되어 주시길 원합니다.
예수 그리스도의 이름으로 기도드립니다. 아멘

학생들을 깊이 위로하는
교사 되게 하소서

> 모든 은혜의 하나님 곧 그리스도 안에서 너희를 부르사 자기의 영원한 영광에 들어가게 하신 이가 잠깐 고난을 당한 너희를 친히 온전하게 하시며 굳건하게 하시며 강하게 하시며 터를 견고하게 하시리라(벧전 5:10)

하나님, 저희 학생들이 아직 어리지만 저들의 삶 가운데도 동일하게 고난과 어려움이 있는 것을 압니다. 몸이 아픈 아이들도 있고, 가정 형편이 어려운 아이들도 있습니다. 꿈이 없어서 고민하는 아이들도 있고 친구가 없어 외로운 아이들도 있습니다. 주님, 이 아이들 한명 한명을 주님 앞에 올려드립니다. 저들의 마음에 찾아가 주셔서 위로해 주옵소서. 사람의 마음을 만지시는 분은 주님 한분뿐임을 압니다. 따뜻한 위로로 저들을 만져 주시길 원합니다.

주님, 학생들이 어려서부터 인생은 불공평해 보이는 고난의 연속임을 이미 알고 있을 수도 있습니다. 그러나 그럼에도 불구하고, 하나님은 언제나 선하시다는 것을 믿게 해 주옵소서. 이 아이들이 고난 앞에서 도대체 하나님이 어디 계시냐고 따지기 전에 고난보다 더 크시고 더 선하신 하나님을 신뢰하도록 가르치는 교사가 되게 하옵소서.

아이들의 인생 가운데 맞게 될 고난을 피하게 하는 사람이 아니라 그 고난을 하나님을 믿는 믿음 안에서 거뜬히 이겨나갈 수 있도록 돕는 어른이 되게 해 주옵소서.

아이들은 어려도 진리를 듣고 싶어 한다는 것을 늘 기억하게 하시고, 부지런히 삶 가운데 역사하신 하나님을 증거하게 하옵소서.

지금은 다 이해할 수 없지만 하나님을 사랑하는 자, 곧 그의 뜻대로 부르심을 입은 자들에게는 모든 것이 합력하여 선을 이루게 된다는 사실을 아이들 심령에 깊이 새겨줄 수 있는, 아이들 인생의 진짜 스승이 되게 하옵소서.

예수 그리스도의 이름으로 기도드립니다. 아멘

다음세대를 바로 세워 주옵소서

> **또 어려서부터 성경을 알았나니 성경은 능히 너로 하여금 그리스도 예수 안에 있는 믿음으로 말미암아 구원에 이르는 지혜가 있게 하느니라**(딤후 3:15)

 우리의 구원과 생명의 능력이신 하나님 아버지께 찬양과 경배와 영광을 올려드립니다.

주여, 이 나라는 일본의 억압과 수탈로 굶주리며 살았고 바로 이어진 동족상잔의 전쟁으로 폐허와 절망 속에서 허덕였습니다. 주께서는 이 나라를 불쌍히 여겨 백성을 건져 주시고 복에 복을 주셨습니다.

그러나 주님이 주신 복과 풍요를 선하게 감당 못하고 신앙이 변질되어 주님을 멀리 하였습니다.

은혜의 주여, 긍휼을 베푸시고 용서하여 주시고 심령을 새롭게 하여 주옵소서. 저희들의 무지와 잘못된 교육과 세상풍조에 떠밀려 다음세대를 바로 세우지 못했습니다. 이 나라와 교회를 이끌어갈 다음세대인 아이들을 소홀히 대하며 세상의 욕심을 따라 잘못 가르쳤습니다.

주여, 저희를 용서하시고 어린 심령들을 복음으로 양육하여 그리스도의 좋은 군사로 세우게 하옵소서. 순수한 어린아이들 마음에 복음의 씨가 뿌려져 30배, 60배, 100배의 결실을 맺게 하옵소서.

주여, 어린이는 이 나라의 꿈이요 소망임을 잊지 않게 하시고 구원의 터를 더욱 견고하게 하옵소서. 저 자신부터 회개하며 이 소명으로 다시금 타오르게 하옵소서. 간절히 간구하오니 먼저 부르심 받은 저희들이 재에 무릎을 꿇고 마음을 찢으며 회개합니다. 용서하옵시고 이 땅을 고쳐 주옵소서. 거룩한 성령님, 떠나지 마시고 임재하옵소서. 역사하여 주옵소서.

주여, 이 나라에서 순교자들의 흘린 피와 복음의 증인된 그리스도인을 통하여 수많은 영혼들을 구원하여 주셨듯이 오늘날 바알에게 무릎 꿇지 아니한 주의 종들과 교사들을 통하여 다음세대를 바로 세우며 양육하게 하옵소서.

예수 그리스도 이름으로 기도드립니다. 아멘

좋은 프로그램을 기획할 수 있도록 지혜를 주옵소서

> 예수는 지혜와 키가 자라가며 하나님과 사람에게 더욱 사랑스러워 가시더라(눅 2:52)

온전하신 하나님, 항상 좋은 것으로 저희들에게 예비하심을 감사드립니다. 주님, 이번 행사에 아이들의 관심을 끌 수 있는 프로그램을 개발하기 원하여 지혜의 근원이신 하나님께 지혜를 구합니다. 단순한 재미를 넘어 흥미를 유발하고 아이들이 함께 참여하여 수동적인 모습을 버리고 능동적으로 바뀌게 하여 주옵소서.

이번 프로그램을 통하여 아이들과 더 가까워지기를 원합니다. 마음과 마음을 열고 서로의 고민과 문제를 위하여 함께 기도하기를 원합니다. 아이들의 진정한 멘토가 되기를 원합니다. 주님, 도와주시옵소서. 진행하면서 복음이 자연스럽게 전달될 수 있는 좋은 프로그램을 만들기 원합니다. 지혜와 능력을 더하여 주옵소서.

주님, 아무리 프로그램을 잘 만들어도 진행이 미숙하면 내용 전달이 반감하기에 매끄러운 진행을 할 수 있도록 도와주옵소서.

이번 프로그램은 우리 반 아이들을 넘어서 지역의 믿지 않는 아이들을 주님께로 인도하고, 잃어버린 영혼을 찾는 귀하고 아름다운 사역입니다. 함께하여 주옵소서. 지금의 아이들은 물론 다음세대에도 복음을 효율적으로 전달할 수 있는 프로그램이 되게 하여 주옵소서.

주여, 이번 일들을 감당하기 위하여 모든 교사가 힘을 합하게 하시고 순조롭게 예산 지원을 이끌어낼 수 있도록 은혜를 베풀어 주옵소서. 일을 진행하는 모든 과정 속에서 흑암의 세력이 틈타지 않게 지키셔서 한 사람도 상처 받지 않게 하시고 뒤로 물러가지 않도록 도와주옵소서.

늘 새롭게 하시는 예수 그리스도 이름으로 기도드립니다. 아멘

여름 성경학교를 앞두고

> 너는 진리의 말씀을 옳게 분별하며 부끄러울 것이 없는 일꾼으로 인정된 자로 자신을 하나님 앞에 드리기를 힘쓰라(딤후 2:15)

사랑의 주님!

무더운 여름철, 우리 아이들을 붙잡아 주시고 건강하게 인도하시며 여름방학을 잘 활용하도록 은총을 베풀어 주옵소서. 우리 교회에서도 여름 성경학교를 준비하고 있으니 지혜를 주시고 은혜로 인도하여 주옵소서.

어린 아이들이 내게 오는 것을 금하지 말라고 하신 주님!

저들을 주님께로 인도할 수 있도록 합심하여 기도로 준비하고 있습니다. 저들의 눈높이에 맞추어 여러 교재와 말씀으로 먼저 준비에 부족함이 없게 하옵소서. 아직은 어릴지라도 죄와 구원의 필요성을 깨달을 수 있는 나이이기에 성령님께서 역사하셔서 예수님을 개인의 구주로 영접하며 거듭남의 은총을 베풀어 주옵소서.

죽은 영혼이 진정과 신령으로 어떻게 주님을 찬양하며 예배할 수 있겠습니까. 베드로 사도가 성령이 충만하여 복음을 전할 때, 듣는 자들이 우리가 어찌할꼬 하며 회개하였듯이 오직 성령님의 역사하심만 나타나게 하옵소서.

주의 구원의 은총이 강물같이, 불같이 임하여 주옵소서. 다음세대를 이끌어갈 어린 영혼들을 귀하게 여기는 마음을 주시어 교회의 전폭적인 지원과 협력을 허락하여 주옵소서. 유아부, 유치부, 초등부, 중고등부, 청년, 대학생에 이르기까지 모든 행사 일정을 통하여 놀라운 변화와 성장이 있도록 축복하여 주옵소서.

주여, 복음으로 다시금 충만케 하시고 초대교회의 열정으로 돌아가게 하옵소서. 잘못된 문화와 이단 종교가 이 땅에 발붙이지 못하게 하옵소서. 주님만이 우리의 소망이 되십니다.

예수 그리스도의 이름으로 기도드립니다. 아멘

부활절 기도

이는 그리스도께서 죽은 자 가운데서 살아나셨으매 다시 죽지 아니하시고 사망이 다시 그를 주장하지 못할 줄을 앎이로라(롬 6:9)

부활의 주님!

오늘 주님의 부활을 기념하는 예배를 드릴 수 있게 하심을 감사드립니다.

예수님께서 죄와 죽음을 이기시고 다시 사신 부활을 저희 모든 아이들이 믿고 찬양하기 원합니다. 우리를 대신해서 죽으셔야 했던 십자가의 사랑을 저희로서는 도저히 이해할 수도, 감당할 수도 없습니다.

저희와 똑같은 인간의 몸으로 몸소 당하셔야 했던 이유를 저희는 이해할 수가 없습니다. 그러나 우리는 믿습니다. 사랑하는 마음으로 믿습니다. 주님이 우리를 위해 죽으셨고 다시 살아나셨다는 사실을 믿습니다.

저희는 죽음을 이기시고 영원한 생명 되신 주님의

손을 매일 붙잡고 살아갑니다. 그러나 아직도 죽음의 손에 묶인 채 살아가는 영혼들이 있습니다. 그들이 어서 속히 죽음을 이기시고 부활하신 승리의 주님을 만나길 소망합니다. 매일 붙잡고 있는 우리 주님의 손을 그들도 꼭 잡기를 기도합니다.

저희보다 더 간절히 그들에게 날마다 손 내밀고 계시는 주님!

이제 저희가 부활의 주님을 만방에 선포합니다. 저희 마음에 용기를 주시고 살아 계신 주님을 증거할 수 있도록 도와주옵소서.

또한 듣는 자들의 귀를 열어 주시어 죽음을 이기고 부활하신 예수님을 마음으로 믿을 수 있게 도와주옵소서.

죽음과 질병과 공포와 절망으로 살아가는 심령에게 위로와 새로운 소망과 용기를 주는 저희가 될 수 있도록 인도하여 주옵소서.

다시 사신 예수 그리스도의 이름으로 기도드렸습니다. 아멘

성탄절 기도 (1)

> 하늘로부터 소리가 있어 말씀하시되 이는 내 사랑하는 아들이요 내 기뻐하는 자라 하시니라(마 3:17)

사람 곁으로 아들을 보내신 하나님 아버지께 찬양과 영광을 올려드립니다.

차가운 마구간 구유에 누이신 아기를 보고 구세주라 믿으며 기뻐하고 경배했던 들판의 목자들처럼 우리 아이들도 사람을 구원하기 위해 이 땅에 오신 예수님을 믿음의 눈으로 바라보며 기뻐하게 하여 주옵소서.

여기에 앉아있는 우리들의 차가운 마음을 주님의 따스한 보혈로 적셔 주시고, 모든 것을 가지신 하나님께서 모든 것을 버리고 생명을 주기 위해 이 땅에 오신 것처럼 위로와 돌봄이 필요한 이들에게 먼저 다가가 아낌없이 내어 주는 사람이 되게 하여 주옵소서.

초라한 말구유의 한 아기가 멸망으로 걸어가는 전

인류의 발걸음을 생명으로 걸어가게 한 머릿돌이 되었음을 우리의 아이들이 잊지 않고 믿음으로 고백하며 세상에 널리 전하는 하나님의 나팔수가 되기를 원합니다.

듣는 자 모두 그날을 보았던 말구유 목자들과 같은 믿음의 눈을 가지고 평생을 살아갈 수 있도록 축복하여 주옵소서.

오늘 불신으로 가득한 우리의 마음속에 믿음의 눈이 내리게 하심을 감사드립니다.

우리를 구원하여 주신 예수 그리스도의 이름으로 기도드렸습니다. 아멘

성탄절 기도 (2)

> 지극히 높은 곳에서는 하나님께 영광이요 땅에서는 하나님이 기뻐하신 사람들 중에 평화로다 하니라(눅 2:14)

사랑의 주님!

주님의 높고 깊고 넓으신 사랑과 은혜를 감사드립니다. 사망과 절망에 빠진 인생을 구원하시려 하늘 보좌의 영광을 내려놓고 육신을 입으신 주님의 섭리와 은총을 감사드립니다.

천하보다 한 영혼을 더 귀하게 여기시어 베들레헴 마구간에 아기 예수로 오신 주님께 찬송드립니다.

하늘엔 영광, 땅에서는 기뻐하심을 입은 자들에게 평화로다. 이 기쁨의 소식이 저와 우리 아이들 가슴속에 깊은 감격으로 전달되게 하시고 우리의 구원과 생명 되신 주님을 영접하는 우리 아이들 모두가 되게 하옵소서.

해마다 되풀이되는 절기 행사로 그치지 않게 하시고, 이 기쁨의 좋은 소식이 모든 백성에게 전해지며, 특별히 어린 심령 위에 생명과 기적의 큰 영광으로 임하시옵소서.

2000년 전 양을 치던 목자들에게 기쁨의 소식이 전해지고 동방박사들이 황금과 유향과 몰약을 드렸듯이 우리 아이들도 작은 것이라도 온 마음과 정성을 모아 가장 귀한 보배를 드리게 하옵소서.

사랑의 주님, 역사적 사실로 증명된 주님의 탄생을 맞아 기쁘다 구주 오셨네, 만백성 맞으라, 외치는 저와 우리 아이들 되게 하시며 더욱 성장하여 그리스도의 증인 된 삶을 살아내게 하옵소서.

우리 안에서 역사하시는 성령님, 아이들 눈높이로 오시옵소서.

사랑의 주님, 준비하는 행사와 선물이 주님을 영접하는 도구로 사용되게 하시옵소서.

먼저 기도로 준비하오니 부족함이 없게 하시며 주님의 영광만 드러나게 하옵소서.

평화의 왕이신 예수 그리스도 이름으로 기도드립니다. 아멘

• 따뜻한 감동을 주는 글

사랑하는 이가 있기에
삶이 힘들어 지칠 때면
나는 얼른
나를 사랑하는 이가 있음을 기억해 냅니다.
그러면 새 힘이 생기고
삶의 짐이 가벼워집니다.
나를 사랑하는 사람이 이 세상에 있다는 것은
나의 가장 큰 힘입니다.

사람에게 실망하고 미움이 일어날 때면
나는 얼른
나를 사랑하는 이가 있음을 기억해 냅니다.
그러면 미움이 사라지고
다시 사람을 신뢰하게 됩니다.

나를 사랑하는 사람이 이 세상에 있다는 것은
나의 가장 큰 힘입니다.

슬픔과 아픔이 나를 휩쌀 때면
나는 얼른
나를 사랑하는 이가 있음을 기억해 냅니다.
그러면 슬픔이 엷어지고
아픔이 치료됩니다.

나를 사랑하는 사람이 이 세상에 있다는 것은
나의 가장 큰 힘입니다.

외롭고 쓸쓸하다고 느껴질 때면
나는 얼른
나를 사랑하는 이가 있음을 기억해 냅니다.
그러면 외로움과 쓸쓸함이
썰물처럼 밀려가고 함께 살아가는 이들의
정다운 모습이 밀물처럼 밀려옵니다.

나를 사랑하는 사람이 이 세상에 있다는 것은
나의 가장 큰 힘입니다.

좌절하고 낙심될 때면
나는 얼른 나를 사랑하는 이가 있음을 기억해 냅니다.
그러면 좌절의 늪에서 빠져 나와
새로운 소망의 언덕에 서게 됩니다.

나를 사랑하는 사람이 이 세상에 있다는 것은
나의 가장 큰 힘입니다.

일이 잘되지 않고 실수하여 야단맞을 때면
나는 얼른
나를 사랑하는 이가 있음을 기억해 냅니다.
그러면 나의 부족함이 깨우쳐지고
겸손한 자세로 새로운 다짐과
노력을 하게 됩니다.

나를 사랑하는 사람이 이 세상에 있다는 것은
나의 가장 큰 힘입니다.

― 사랑하는 이가 있기에 / 정용철

이 율법책을 네 입에서 떠나지 말게 하며
주야로 그것을 묵상하여
그 안에 기록된 대로 다 지켜 행하라
그리하면 네 길이 평탄하게 될 것이며
네가 형통하리라

_ 여호수아 1:8

2부

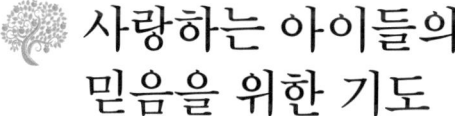

사랑하는 아이들의
믿음을 위한 기도

온 마음 다해 드리는 예배

경건의 모양은 있으나 경건의 능력은 부인하니 이같은 자들에게서 네가 돌아서라(딤후 3:5)

사랑이 무한하신 하나님!

감사와 영광과 존귀와 높임을 받으옵소서. 우리가 무엇이관대 이처럼 사랑하셔서 부르시고, 택하셔서 주의 자녀 삼아 주셨는지요. 오직 감사밖에 드릴 것이 없습니다.

간절히 바라옵기는 사랑하는 아이들이 예배에 충실하길 기도합니다. 아직은 철이 없고 어릴지라도 마음을 다하여 예배를 드림으로 우리 하나님을 만나게 하여 주옵소서. 하나님이 주시는 참된 기쁨과 소망과 평안을 우리 아이들이 맛보아 알게 하여 주옵소서.

주여, 참된 예배자가 되기 위해서 교사인 저 자신이 먼저 본이 되길 원합니다. 하나님은 우리의 앉고 일어섬을 아시고 멀리서도 우리 마음의 생각을 밝히 아시는 줄 믿습니다.

우리의 마음의 중심을 보시는 주님 앞에 가장 귀한 것을 드리는 저와 아이들이 되도록 은총을 베풀어 주옵소서.

주님, 가끔은 예배 시간에 늦는 아이들이 있습니다. 잘못된 습관으로 이어지지 않도록 잘 훈계하며 설득할 수 있도록 도와주옵소서.

우리 아이들이 주일을 준비하는 마음으로 토요일 저녁에는 게임 등의 오락을 절제하며 일찍 잠자리에 들도록 도와주시고, 주일은 거룩하게 드려지는 날로 구별되도록 마음 깊이 새겨 주옵소서.

주님, 우리 아이들이 친구들을 솔선하여 예배의 자리로 이끌 수 있도록 도와주옵소서. 성령님의 도우심과 은혜로 온전한 예배자로 점점 변할 줄 믿습니다. 예배의 성공자가 진정한 성공자로 설 수 있음을 믿습니다.

참되고 신실하신 예수 그리스도 이름으로 기도드립니다. 아멘

구원의 은총을 베푸소서

너는 진리의 말씀을 옳게 분별하며 부끄러울 것이 없는 일꾼으로 인정된 자로 자신을 하나님 앞에 드리기를 힘쓰라(딤후 2:15)

저희를 사랑하시고, 구원하시기 위하여 육신을 입고 이 땅에 오신 주님을 찬양합니다.

하나님 아버지, 사랑하는 아이들의 구원을 위하여 기도드립니다.

주님께서 십자가 위에서 우리의 죄를 짊어지시고 온갖 고초와 갖은 수모를 당하시며 죽으심은 우리를 구원하려 하심임을 아이들이 성령의 능력으로 깨닫도록 하여 주옵소서.

사람이 아무리 착하게 살고 도덕적으로 깨끗하여도 구원에는 이르지 못함을 아이들이 바로 알게 하시고, 길이요 진리요 생명이 되신 예수 그리스도로 말미암지 않고는 죄를 용서받지 못하고 하나님께 나아갈 수 없음을 성령으로 말미암아 가슴 깊이 깨닫게 하옵소서.

모든 사람이 죄를 범하였으매 하나님의 영광에 이르지 못함이라 하신 주님!

아직은 때가 덜 묻고 순수하지만 우리 모두는 죄인임을 우리 아이들이 깨닫게 하여 주옵소서. 한 사람 한 사람, 심령 깊이 회개할 수 있도록 도와주시고 오직 예수님을 영접하고 만남으로 새 생명을 얻게 하여 주옵소서.

예수님을 핍박하던 사울도 주님을 만나고 위대한 사도의 직분을 감당하였습니다. 방탕한 탕자와 같더라도 회개하고 돌아오기만 하면 언제나 용서의 큰 은혜를 베푸시는 주님을 알게 하여 주옵소서.

하나님 아버지!

우리 아이들이 구원의 확신을 가지고 신앙생활을 할 수 있도록 도와주옵소서. 지성과 감성과 의지적인 온 인격으로 주님을 섬기는 복 있는 사람이 되게 하여 주옵소서.

예수 그리스도 이름으로 기도드립니다. 아멘

믿음의 사람이 되게 하소서

그러므로 형제들아 내가 하나님의 모든 자비하심으로 너희를 권하노니 너희 몸을 하나님이 기뻐하시는 거룩한 산 제물로 드리라 이는 너희가 드릴 영적 예배니라(롬 12:1)

믿음의 주요 온전케 하시는 주님을 찬양합니다.

주님, 사랑하는 아이들이 키가 자라고 지혜가 자라고 특별히 믿음이 성장하길 원합니다. 믿음이 없이는 하나님을 기쁘게 할 수 없고 믿음이 없이는 구원에 이를 수도 없는 줄 압니다.

믿음은 하나님의 말씀을 듣고 읽고 묵상할 때 생겨남을 믿기에 아이들이 말씀을 즐겨 들을 수 있기를 바랍니다. 도와주옵소서.

주여, 우리 아이들이 눈앞에 보이는 것만 좇지 않게 하시고 꿈과 믿음을 통하여 하나님의 뜻을 이루게 도와주옵소서.

현재 우리들이 사용하고 누리는 것 또한 꿈과 믿음을 통하여 이루어진 것임을 깨닫게 하여 주옵소서. 대부분의 사람들은 고난과 역경이 다가올 때 불평하고 원망하지만 믿음의 사람들은 합력하여 선을 이루시는 하나님을 바라며 위기를 기회로 바꾼 사람들임을 알게 하옵소서.
하나님 아버지!
아무리 말로 설명해도 보이지 않고 손에 잡히지 않기에 믿음을 가르치기가 힘이 듭니다. 도와주셔서 저와 아이들이 믿음의 위대한 법칙을 배우기에 부족함이 없도록 인도하여 주옵소서. 아이들에게 하나님이 기뻐하시는 뜻을 마음의 소원으로 넘치게 하셔서 믿음의 열매를 맛보게 해 주옵소서.
작은 불씨가 큰 불을 일으키는 것같이 작은 소원이라도 최선을 다하며 믿음의 발걸음을 옮겨 놓을 때 기적이 이루어질 줄 믿습니다.
주님께서 말씀으로 세상을 창조하신 것처럼 저와 아이들이 믿음을 선포하는 참된 믿음의 사람이 되게 하옵소서.
믿음의 근원이 되시는 예수 그리스도의 이름으로 기도드립니다. 아멘

믿음의 사람을 본받게 하옵소서

마땅히 행할 길을 아이에게 가르치라 그리하면 늙어도 그것을 떠나지 아니하리라(잠 22:6)

사랑의 주님!

저희가 믿음 안에서 성장하기를 원하시는 줄 압니다. 공과공부를 준비하며 사랑하는 아이들이 성경 속 믿음의 사람을 본받아 점점 자라고 성숙하기를 기도합니다.

하나님께서 원하시는 모습으로 아이들의 성품이 변화되고 주님께 쓰임받기에 합당한 그릇으로 다듬어지기를 또한 기도합니다. 요셉처럼 어떤 고난과 역경도 이겨 내게 하시고 주어진 일에 최선을 다해, 인정받는 하나님의 사람이 되게 하옵소서.

주님, 저와 아이들이 항상 기도하며 눈앞의 달콤한 유혹(게임 등)을 이겨 내게 하시고 타협하지 않도록 도와주옵소서.

주님, 올바로 살려고 노력하지만 억울함을 당할 때

도 있습니다. 그러나 절대로 낙심하지 않게 하시고 꿈을 포기하지 않게 하옵소서. 언제나 방패가 되시고 힘이 되시는 주님만을 바라는 반석 같은 믿음을 더하여 주옵소서.

주님, 간절히 간구하오니 교사로서의 사명을 감당하게 하여 주옵소서. 아흔아홉 마리 양을 두고, 잃어버린 양 한 마리를 찾으시는 주님의 마음을 가슴 깊이 새기게 하옵소서. 바쁘다는 핑계로 그간 소홀히 했던 아이들의 모습을 기억하며 기도드립니다. 한 사람도 낙오되지 않도록 사랑과 관심을 가지고 최선을 다하기 원합니다. 기도를 넘어 아이들의 생활을 세세히 살펴보며 행함으로 사랑을 전하게 하옵소서. 때론 환경이나 가정의 어려움이 있더라도 결코 포기하여 뒤로 물러가는 사람이 없게 하시고, 넘어지더라도 다시금 일어서는 강한 믿음을 아이들에게 허락하여 주옵소서.

믿음의 근원이신 예수 그리스도 이름으로 기도드립니다. 아멘

회심을 위한 기도

> 네 생각에는 이 세 사람 중에 누가 강도 만난 자의 이웃이 되겠느냐 이르되 자비를 베푼 자니이다 예수께서 이르시되 가서 너도 이와 같이 하라 하시니라(눅 10:36,37)

구원을 주시는 하나님!
우리 아이들에게 회심의 은혜가 속히 임하기를 원합니다. 구원의 확신 없이 세상에 들어갈 때 우리 자녀들은 죄의 노예가 되어버릴 것입니다.
하나님이 계시지 않은 공허한 마음은 언제라도 사탄의 거처가 되어 미움과 시기와 질투와 분냄과 음란함과 욕심과 살인으로 가득 찰 것입니다. 그래서 악한 세력이 주님이 계시지 않는 마음을 붙잡고 흔들 때 우리 아이들은 대적할 힘도 없이 무너져 돌이킬 수 없는 죄의 열매 가운데 살게 될 것입니다.
구원의 주님!
성령의 지혜를 제게 부어 주셔서 아이들에게 말씀을 가르칠 때마다 이해할 수 있는 언어와 몸짓으로 가르치게 하시고, 우리 아이들은 말씀을 들을 때

순종의 마음으로 받아들이게 하옵소서. 말씀의 지혜가 날마다 자라나 마침내 죄로 태어난 본성을 깨뜨리고 하나님의 자녀로 들어가는 구원의 문을 발견하게 하옵소서.

구원의 문을 열고 들어간 순간 공허했던 마음, 부모에게 상처 받았던 마음, 세상에서 거절당했던 마음, 인정받지 못해 위축되었던 마음들이 사라지고 구원의 예수님으로 인해 변화된 새로운 자신을 발견하게 하옵소서.

주여, 무엇과도 바꿀 수 없는 가장 중요한 회심을 위해 제가 누려야 할 시간과 물질과 자격을 포기하고 기도하도록 목자의 마음을 주옵소서.

이 아이들이 제게는 마지막이 되게 하옵소서. 마지막처럼 기도하는 교사가 되게 하옵소서.

자신의 몸을 죽음과 바꾸시어 우리를 살려 주신 예수 그리스도의 이름으로 기도드립니다. 아멘

첫 언어를 배우는 아가들을 위한 기도

> 너는 마음을 다하고 뜻을 다하고 힘을 다하여 네 하나님 여호와를 사랑하라(신 6:5)

어린아이들을 사랑하시는 하나님 아버지!

신비로운 생명을 잉태하게 하시고 출산의 고통을 지나 신묘막측한 기쁨을 맛보게 하심을 감사드립니다. 한 아이가 태어났을 때에 아버지의 마음을 이해하게 하심을 감사합니다.

처음으로 부모와 눈을 맞출 때 우리는 그 아이의 눈을 통해 가보지 못했던 깊고 넓고 푸르른 우주를 보게 되었습니다.

이 아이가 자라가며 자신이 가지고 온 선물들이 차츰 빛을 잃어갈 수도 있겠지만 우리를 통해 이 세상에 존재하시는 하나님을 배우게 되길 원합니다.

처음 입을 떼며 말을 할 때 하나님을 아빠라 부르게 하옵소서.

이 아이의 언어가 세상의 언어를 이기는 말이 되게

하옵소서.

부모와 교사가 최선을 다해 이 아이들에게 하나님 나라를 가르치게 하옵소서. 밤과 낮으로 아이의 귀에 하나님을 말하며, 별과 달과 해와 바람과 산과 나무와 초목과 동물과 사람을 만드신 창조주 하나님을 아빠로 부르는 기적으로 살게 하옵소서.

하나님만을 최고로 아는 믿음과 하나님만을 중심으로 살아야 함을 굳게 믿는 뚝심 있는 다니엘 같은 사람으로 자라게 하옵소서.

이제 걷기를 막 시작하는 아가들이 믿음의 한 걸음 한 걸음을 내디딜 때마다 하나님 아빠, 예수 그리스도, 성령 하나님의 도우심으로 세상이 감당치 못하는 진실하고 힘 있는 그리스도인이 되게 하여 주옵소서.

그 역사가 우리의 한 마디 가르침을 통해 펼쳐질 것을 기대하며 믿습니다.

어린아이들을 너무나 사랑하시는 예수 그리스도의 이름으로 기도드렸습니다. 아멘

고난을 향해 걸어가는
진짜 믿음의 사람들 되게 하옵소서

모든 성경은 하나님의 감동으로 된 것으로 교훈과 책망과 바르게 함과 의로 교육하기에 유익하니(딤후 3:16)

은혜로우신 하나님 아버지!

믿음이란 하나님께 기도하여 우리가 원하는 것을 얻어내는 것이 아님을 압니다. 믿음이란 세상에서 복받고 그럴 듯한 차림으로 문제없이 잘사는 것이 아님을 압니다. 그러나 세상적인 성공을 위해 믿음이 필요한 것처럼 가르치고 있었음을 고백합니다. 용서하여 주옵소서.

진짜 믿음은 좋은 결과를 바라고 희망하는 것이 아니라 지금의 마음에 들지 않는 상황과 현재의 고난과 바로 앞의 어려운 문제를 보며, 뒤로 도망가지 않고 눈물 흘려도 흘린 채로, 아파도 아픈 채로, 넘어지면 엎드려서 버둥거릴지라도 주님을 힘입고 이 문제를 뚫고 나가는 것이 진짜 믿음이라는 것을 알게 하옵소서.

진짜 믿음은 미래의 행복을 위해서가 아니라 지금 이 자리를 이겨 내는 생명의 근원되신 분, 빛 되신 주님을 바라며 여기 이 고통의 자리를 버텨 내는 것이라고 알게 하옵소서.

주님은 십자가의 자리를 피해 도망가지 않으셨습니다. 주님은 십자가를 지시기에 앞서 피눈물로 기도하셨습니다. 그렇게 자신의 고통의 자리, 원래 있어야 했던 자리, 해야만 했던 사명, 지셔야 했던 수치와 세상 모든 고통의 십자가를 지셨습니다.

거룩하신 하나님!

우리 아이들도 고난이 올 때 그것을 이겨 내고자 하는 힘, 버텨 내는 힘, 뚫고 나가고자 하는 힘을 가지게 하옵소서. 그렇게 고난을 통과했을 때, 조금 더 단단해져 있는 자신의 심장을 발견하게 하옵소서. 완벽하지 않지만 굳건히 자리잡은 믿음의 보석을 보게 하옵소서.

예수 그리스도의 이름으로 기도드립니다. 아멘

살아 있는 생명을 존중하는 그리스도인이 되게 하옵소서

> 하나님은 모든 사람이 구원을 받으며 진리를 아는 데에 이르기를 원하시느니라(딤전 2:4)

창조주 하나님 아버지!

온 우주와 지구의 아름다운 자연과 생명들을 창조하심에 감사드립니다.

영광스럽게도 하나님께서는 하나님의 형상을 따라 사람을 지으셨고 우리를 이 세상의 살아 있는 생명을 다스리는 자로 만들어 주셨습니다.

그러나 주님, 사람이 죄로 말미암아 타락하여 하나님의 창조물들을 제대로 다스리지 못하고 있음을 고백합니다. 탐욕과 욕심이 가득하여 무차별적으로 훼손하고 학대하고 있음을 바라봅니다. 우리의 죄를 용서하여 주옵소서.

주님, 우리 아이들이 창조주 되시는 하나님을 언제나 의식하고 생각하기를 원합니다. 이 자연과 생명이 우리의 것이 아님을 알게 하옵소서.
사람의 소유가 아님을 알게 하옵소서. 잠시 왔다가 가는 우리의 인생이 순례자인 것을 고백하게 하옵소서.
산과 바다와 자연을 사랑하게 하시고 살아 있고 움직이는 생명력 있는 동물들을 존중하는 청지기가 되게 하옵소서.
이 모든 것은 오직 하나님의 소유물이라는 것과 우리가 하나님 심판대에 섰을 때 이 땅에 살면서 우리가 행했던 모든 행동과 말들에 하나님께 잘하였도다라고 칭찬받는 사람이 되게 하옵소서.
주님, 진실로 하늘과 바다와 나무와 숲과 바람 속에서 임재하시는 하나님의 흔적을 우리 아이들이 발견하게 되기를 간절히 바랍니다.
주님, 겸허히 자연을 다스리고 통치하는 하나님의 형상을 볼 수 있는 믿음의 사람들이 되게 하여 주옵소서.
예수 그리스도의 이름으로 기도드렸습니다. 아멘

말씀과 지혜를 사모하게 하소서

> 그가 빛 가운데 계신 것 같이 우리도 빛 가운데 행하면 우리가 서로 사귐이 있고 그 아들 예수의 피가 우리를 모든 죄에서 깨끗하게 하실 것이요(요일 1:7)

말씀으로 세상을 창조하신 하나님!
우리 아이들이 어렸을 때부터 하나님 말씀을 늘 곁에 두고 주야로 묵상하는 사람이 되게 하옵소서.
말씀 속에서 길을 찾게 하시고 삶의 지혜를 발견하게 하옵소서.
이 세상의 지혜로운 수많은 현자들을 통하여 선한 지식을 쌓게 하심을 감사드립니다.
은혜로우신 주님!
우리 아이들이 편협한 사람으로 자라지 않게 하시고 하나님 말씀을 기준으로 하는 분명한 잣대 위에 세상의 선한 지식을 탐구하게 하시어 올바른 양심과 지혜가 충만하게 되기를 원합니다.
뛰어난 지식을 습득하는 것이 아니라 선견지명이 있는 하나님의 사람들이 되기를 원합니다.

솔로몬과 같이 하나님의 지혜가 충만한 사람이 되기를 기도합니다.
다윗과 같이 선한 지식과 지혜로 하나님을 높여 드리는 사람이 되게 하옵소서.
선하신 주님!
아이들이 자라면서 좋은 것과 나쁜 것을 구별할 줄 알게 하시어 좋은 지식을 찾아 자기 것으로 만들고, 그것을 통해 세상에 선한 이익을 만들어 낼 수 있게 하옵소서.
오직 하나님의 말씀만이 이 모든 일의 머릿돌이 되게 하시고 그 위에 선한 지혜를 쌓아 인류를 위해 발휘할 수 있도록 하옵소서.
우리에게 넘치도록 부어 주시는 예수 그리스도의 이름으로 기도드렸습니다. 아멘

창조주 하나님을 찬양하는
아이들이 되길 바라며

여호와의 지으심을 받고 그가 다스리시는 모든 곳에 있는 너희여
여호와를 송축하라 내 영혼아 여호와를 송축하라(시 103:22)

창조주 하나님!

아름다운 새들이 하나님을 찬양합니다.

시냇물도 굽이쳐 흐르며 하나님을 찬양합니다.

높은 산, 깊은 바다, 거대한 태풍마저도 자신을 만든 창조주 하나님을 찬양합니다.

우리의 찬양을 받으시기에 합당하신 하나님!

하나님의 존귀하신 이름을 높여드립니다.

온 세상을 아름답게 만드시고 우리에게 선물로 주신 하나님!

아름다운 자연을 가꾸며 주님의 마음을 알기 원합니다. 우리에게 찬양할 입술을 주신 하나님!

영원히 주님과 함께 있어 주님을 찬양하기 원합니다. 우리에게 자연을 잘 지킬 힘을 주옵소서.

웅장한 자연 속에서 작고 작은 인간을 가장 아름답다고, 가장 사랑한다고, 가장 좋아한다고 말씀하여 주시는 하나님!

우리의 아이들도 자신을 창조하신 하나님을 찬양하게 하여 주옵소서.

우리 아이들이 작은 입술 벌려 하나님을 노래하게 하여 주옵소서. 작은 두 손 모아 소리 높여 하나님을 찬양하게 하옵소서.

반짝이는 두 눈은 하나님만 바라보게 하시고 언제나 심장이 주님의 사랑에 감격하여 뛰게 하옵소서.

아이들의 작은 두 귀는 세상의 온갖 더러운 소리가 아닌, 하나님을 찬양하는 자연의 소리, 천사들의 소리를 듣게 하소서. 그리고 사랑한다 말씀하시는 하나님의 음성을 듣게 하옵소서.

예수 그리스도의 이름으로 기도드립니다. 아멘

참 믿음을 가진 하나님의 자녀가 되길 바라며

하나님이 세상을 이처럼 사랑하사 독생자를 주셨으니 이는 저를 믿는 자마다 멸망하지 않고 영생을 얻게 하려 하심이니라(요 3:16)

우리의 행복을 기뻐하시는 하나님!
아직 주님의 은혜를 모르고 죄 가운데 있는 아이들을 위해 기도합니다. 사람들이 세상은 영원하고 이 세상에서 즐기고 살다가 죽으면 그만이라고 착각합니다. 현재에 주어진 삶이 전부라고 믿는다면 그들에게 참 소망은 없습니다. 미래에 대한 소망이 없기는 어린 아이들도 마찬가지입니다. 우리 아이들이 예수님의 사랑을 알지 못하고 살아간다면 죄의 노예로 세속적인 쾌락에 빠져 살 수밖에 없고 잘못된 가치관을 따르다가 결국 죄의 끝인 영원한 죽음, 지옥을 경험하게 될 것입니다.
사랑의 하나님!
우리 아이들이 하나님의 사랑을 알게 하옵소서. 예

수님은 영원한 생명을 우리에게 주시기 위해 이 세상에 오셨고 십자가의 고난을 당하셨습니다. 한 사람이 한 사람을 구하기 위해 죽어도 큰 은혜인데, 우리 모두의 구원을 이루신 예수님의 희생이야말로 값진 은혜가 아닐 수 없습니다. 우리 아이들이 이 은혜를 깨닫고 진정한 구원의 은혜야말로 가장 값진 보물임을 알게 하옵소서.

구원의 하나님!

아이들이 복음을 들을 기회를 열어 주시고 때마다 예수님의 말씀을 마음을 열고 듣게 하옵소서. 복음을 들었을 때 세상 그 누구보다 가장 나를 사랑하시는 예수님이 내 곁에 계심을 믿을 수 있게 하여 주옵소서. 예수님이 나의 주인이 될 때, 나는 모든 것을 할 수 있는 사람이 됨을 알고 예수님께 전적으로 자신을 드릴 수 있게 하옵소서. 그리하여 평생 예수님의 사랑을 부여잡고 기쁨의 감격, 넘치는 은혜 속에서 살게 하옵소서.

예수 그리스도의 이름으로 기도드립니다. 아멘

범사에 감사하는 아이들이 되길

항상 기뻐하라 쉬지 말고 기도하라 범사에 감사하라 이것이 그리스도 예수 안에서 너희를 향하신 하나님의 뜻이니라(살후 5:16~18)

참 좋으신 하나님!

우리를 사망에서 건지시고 늘 사랑과 평안의 뜰로 인도해 주시니 감사합니다. 주님은 우리를 안전하게 지켜 주시며 쉴 만한 물가와 푸른 초장으로 인도해 주시는 목자이십니다.

사랑의 주님, 성장기에 있는 우리 아이들은 한창 학업의 스트레스와 육체적, 정신적 성장통을 앓고 있음을 고백합니다. 어떤 아이들은 꿈이 없어 힘들어하고, 어떤 아이들은 꿈이 있어도 이룰 수 없을 것 같은 현실을 비관합니다. 어떤 아이들은 부모님의 사랑에 목말라하며 현실에 대한 불평과 불만을 옳지 않은 행동으로 표출하기도 합니다.

하나님! 자라나는 다음세대, 우리 아이들을 위해 기도합니다. 이 땅에서 자라고 있는 아이들이 주어진 환경에 감사하는 마음을 갖게 하옵소서. 없는 것을 보며 아쉬워할 것이 아니라, 있는 것을 보며 감사하는 마음을 갖게 하소서. 많은 위인들이 불우한 환경, 원하지 않는 배경 속에서도 꿋꿋하게 노력하여 일어났음을 기억하게 하옵소서.

문제가 있을 때 구하는 이에게 후하게 베푸시는 하나님 앞에 기도하는 아이들이 되게 하옵소서. 불평과 불만의 불씨를 잠재우고 주님 앞에 엎드리는 아이들이 되게 하여 주옵소서.

주님, 모든 것 위에 뛰어나신 하나님께서 능히 감당할 시험밖에는 주시지 않음을 깨닫고 힘과 용기를 내어 눈 앞에 놓인 현실과 문제를 뛰어넘게 하시고, 오히려 모든 것에 감사함으로 넉넉히 이길 수 있는 마음을 갖게 하옵소서. 후일, 넉넉히 이긴 후에, 이 모든 일을 하나님께서 도우시며 이루어 주셨노라고 고백하며 하나님께 영광을 돌리는 아이들이 되기를 소원합니다.

예수 그리스도의 이름으로 기도드립니다. 아멘

사랑하는 학생들의 예배를 위한 기도

> 사람이 마음으로 자기의 길을 계획할지라도 그의 걸음을 인도하시는 이는 여호와시니라(잠 16:9)

하나님, 우리 학생들이 주님께 예배드리러 나옵니다. 일주일 내내 세상의 거짓 메시지를 듣다가 이렇게 짧은 시간 주님의 말씀을 들으러 나오니 제 마음도 안타깝고 더 간절합니다.

이 아이들이 예배에 목숨 거는 예배자가 되어야 할 텐데, 혈루병 앓던 여인같이, 삭개오같이, 수로보니게 여인같이 주님 만나는 데 간절함이 있어야 할 텐데 하는 안타까움이 있습니다.

주님, 저들이 세상을 이길 힘을 예배를 통해 얻고 말씀으로 무장하고 나가야 하는데, 예배가 끝나는 순간부터 저 아이들을 문앞에서 기다리고 있을 수많은 유혹들과 거짓말들 때문에 걱정이 앞섭니다.

주님, 사람의 힘으로는 할 수 없으니 주님께서 저 아이들의 심령 가운데서 일해 주옵소서.

아이들이 아벨처럼 예배드리기 원합니다.
하나님이 우리를 이 땅에 부르신 이유와 우리가 하나님 나라에서 영원히 해야 할 일이 바로 하나님을 예배하는 일임을 기억하게 해 주옵소서.
주께 예배드림이 기쁨이 되는 학생들 되게 해 주옵소서. 상황과 감정에 상관없이 하나님 이름에 합당한 영광을 돌리고 찬송을 돌리며 말씀에 귀 기울여 살 길을 찾는 우리 학생들 되도록 붙들어 주옵소서. 아이들의 영혼을 상하게 하고 진리를 듣지 못하게 하려고 악한 사탄 마귀가 이 예배를 얼마나 공격할지 모르겠습니다. 교사된 제가 먼저 기도로 대적하고 예배를 위해 깊이 기도하는 교사가 되게 해 주옵소서.
예배를 통해서 영적인 전쟁을 승리하고 돌아올 능력을 얻도록 도와주옵소서.
이 예배를 하나님께서 받으시기를 간절히 기도합니다. 홀로 영광 받으옵소서.
예수 그리스도의 이름으로 기도드립니다. 아멘

사랑하는 학생들의
구원의 확신을 위한 기도

여호와여 나의 발이 미끄러진다고 말할 때에 주의 인자하심이 나를 붙드셨사오며(시 94:18)

거룩하신 하나님 아버지!

사랑하는 아이들에 대해 많은 것을 안다고 자신했으면서도 정작 이들에게 구원의 확신이 있는지 잘 모르고 있었습니다.

하나님이 우리를 언제 어떻게 부르실지 모르면서 막연한 미래로만 생각하고 부지런히 준비하지 못했음을 고백합니다.

사랑하는 학생들에게 그 어떤 필요보다도 구원의 문제, 예수 그리스도의 사랑과 대속에 대해 제대로 가르치고 기도해 주지 못한 것을 회개합니다.

이후에 영원히 하나님 나라에서 함께 하나님을 높이고 사랑으로 교제할 저의 형제요 자매인 학생들인데 정작 중요한 것은 제대로 챙기지 못했습니다.

사랑의 주님!

사랑하는 학생들이 예수 그리스도를 구주로 영접하여 예수 그리스도의 보혈 아래서 의롭다 여겨 주신 것을 인정하고, 주님의 부활과 재림을 믿고 영생을 얻는 놀라운 일들이 일어나길 원합니다.

구원의 주님!

학생들의 심령 가운데서 아침마다 새롭고 밤마다 성실하게 새 일을 행해 주옵소서. 저들에게 구원의 확신을 주옵소서. 그래서 이 땅에서의 어떤 일 앞에서도 담대하게 해 주옵소서. 우리 아이들이 세상보다 하나님의 나라를 더욱 사모할 수 있기를 원합니다.

아이들의 영생이 달린 문제에 제가 게으르지 않게 해 주시고 사명감을 다해 기도하고 잘 가르칠 수 있도록 도와주옵소서. 하나님의 생명이 흘러가는 통로로 저를 사용해 주옵소서.

예수 그리스도의 이름으로 기도드립니다. 아멘

사랑하는 학생들의 성결함을 위한 기도

> 우리가 사방으로 우겨쌈을 당하여도 싸이지 아니하며 답답한 일을 당하여도 낙심하지 아니하며(고후 4:8)

거룩하신 하나님 아버지!

이 땅은 악하고 음란함이 가득합니다. 이 세대의 죄악은 바로 저 개인의 죄악과 같음을 고백합니다. 주님 앞에서 진정으로 회개하오니 저희를 구해 주옵소서.

학생들을 둘러싸고 있는 모든 환경이 얼마나 악하고 음란한지, 또 앞으로 저들이 살아가야 할 세상은 얼마나 혼란스럽고 분별이 어려울지 마음에 근심이 됩니다.

하나님, 저의 두려움을 기도로 바꿔 주시고 저의 한숨을 찬송으로 바꿔 주옵소서. 하나님이 친히 저들을 붙드시고 다니엘처럼 자신을 더럽히지 않기로 목숨 걸고 뜻을 정하는 학생들로 삼아 주옵소서.

이 세상의 물결이 골리앗처럼 거대하게 달려들어도

만군의 여호와의 이름으로 나아가는 이 땅의 다윗들이 되게 해 주옵소서.

풀무불에 들어가 죽을지라도 하나님만 경외하겠다는 다니엘의 세 친구처럼, 오해받고 감옥에 가도 하나님 앞에 죄를 짓지 않겠다던 요셉처럼, 마지막 세대에 오히려 더 밝게 빛나는 성결한 자녀들로 일어나게 해 주옵소서.

저희 자신이 하나님 쓰시기에 합당한 깨끗한 그릇이 되도록 해 주시고 저부터 세상의 문화와 유혹 앞에 담대히 서는 거룩한 사람으로 붙들어 주옵소서.

하나님을 기쁘시게 하기 위해 뜻을 정하고, 그 뜻 때문에 고난을 당한 흔적들이 저희의 삶에 남게 하시고 그것을 영광으로 알고 사는 진짜 그리스도인이 되도록 인도해 주옵소서.

예수 그리스도의 이름으로 기도드립니다. 아멘

결석과 지각이 잦은 아이를 위한 기도

믿음으로 말미암아 그리스도께서 너희 마음에 계시게 하시옵고 너희가 사랑 가운데서 뿌리가 박히고 터가 굳어져서(엡 3:17)

어제나 오늘이나 영원토록 변함없으신 주님을 찬양하고 경배하며 감사드립니다.

주여, 저희들도 주님을 본받아 한결같은 마음으로 아이들을 사랑하며 가르치게 하옵소서. 심히 부족하고 연약한 저희들입니다. 겉모습만 보고 판단하기 쉬운 저 자신을 잘 알기에 주님의 도우심을 구하옵니다.

주여, 누구든지 주님을 만나면 새롭게 되며 능력 주시는 자 안에서 모든 것을 할 수 있음을 믿습니다. 아이들이 현재의 형편과 처지를 비관하거나 포기하지 않도록 붙들어 주옵소서. 주님은 배움이 부족한 사람도 부르시고, 성격이 급한 사람도 제자 삼으셨으며, 사람들에게 인정받지 못한 낮고 천한 자라도 사용하심을 우리 아이들이 알게 하여 주옵소서.

주여, 간절히 기도하오니 사랑하는 ㅇㅇㅇ이의 마음을 다잡아 주옵소서. 요즘 들어 지각이 늘고 일상화 되어갑니다. ㅇㅇㅇ이로 말미암아 다른 아이들 마음이 흐트러지지 않도록 도와주옵소서.

주님, 저의 관심과 기도와 사랑이 부족했음을 고백합니다. 더 큰 사랑과 기도로 품게 하시고 왜 지각이 늘었는지 알아 지혜롭게 대처하며 다시 열심을 내도록 세워 주는 교사가 되게 하옵소서.

주여, 우리 반 아이들 모두가 우리의 구원이 되시고 기쁨이 되시며 생명의 능력이 되신 주님을 만남으로 천국이 각자의 마음에 임하게 하시고 영원한 소망을 품고 자신의 본분을 깨달아 오늘 최선을 다하는 놀라운 변화를 경험하게 하옵소서. 뜨거운 열정이 한 번으로 끝나지 않게 하시고 끝까지 믿음의 끈을 붙잡고 성장하여 주님이 사용하시는 통로가 되도록 도와주옵소서.

예수 그리스도 이름으로 기도드립니다. 아멘

성품을 위한 기도

> 그러나 내가 가는 길을 그가 아시나니 그가 나를 단련하신 후에는 내가 순금 같이 되어 나오리라(욥 23:10)

하나님 아버지, 이 세상 가운데 해맑은 생명들을 보내 주시어 감사합니다. 해맑은 아이들은 날마다 자라납니다. 자라는 것은 살아 있다는 증거이며, 살아 있는 모든 것은 하나님께서 창조하신 것입니다. 지금은 부모의 품에 안겨 있으나 언젠가는 육체와 정신과 영혼이 자라나 자의로 세상을 향해 거침없이 나아갈 것입니다. 그러나 하나님께서는 우리 아이들이 세상의 풍습에 삼킴을 당하며 동화되어 살기를 원치 않으시는 줄 믿습니다.

세상은 조급하며 이기적이며, 절대적 진리가 없으며, 화려하며, 겸손하지 않으며, 배려하지 않으며, 생명을 존중하지 않습니다. 욕심을 내라고 말하며, 다른 사람의 것을 뺏으라고 부추기며, 선과 악은 없다고 가르칩니다. 이 같은 세상의 문화가 아이들에게 들어오기 전에 하나님의 성품이 먼저 그들 안에 형성되기를 원합니다.

문화와 환경에 요동하지 않도록 말씀으로 굳건한 심지를 갖게 하시고, 타인을 배려하는 온유한 마음과 하나님과 부모의 말씀에 순종하는 겸손의 마음과 욕구와 욕망을 끊임없이 채우라는 세상의 풍조 앞에 멈출 줄 아는 절제의 마음을 갖게 하옵소서.

잘못을 먼저 말하고 용서를 구할 줄 아는 용기와 절대적 진리가 없다고 말하며 자신이 주인이 되어야 한다고 할 때에 분별할 줄 아는 지혜와 타인의 마음을 헤아리며 다른 이의 말에 귀 기울일 줄 아는 사랑의 능력을 갖게 하옵소서.

주님, 이러한 성품이 어렸을 때부터 훈련되어 어떠한 환경에서도 하나님의 자녀답게 빛과 소금으로 살아가게 하옵소서. 이 아이들이 자라나 진정한 리더가 어떠한 사람인지를 행실로 보여 주는 사람들이 되게 하옵소서.

예수 그리스도의 이름으로 기도드립니다. 아멘

• 따뜻한 감동을 주는 글

마지막 숙제

- 제출기간 : 제한 없음
_ 숙제 : 행복해지세요

숙제를 마치고,
어떤 녀석은 내심 높은 점수를 기대하고 있을 거야.
또 어떤 녀석은 대충 해놓고 꾸중은 듣지 않을까
넘치는 걱정을 하고 있겠지.

너희들의 반응은 언제나 한결같았지만,
그런 너희를 바라보는 내 심장은 늘 다르게 반응했단다.
사랑으로 두근거렸고,
뿌듯함으로 정신없이 뛰기도 했어.

이 숙제를 낼 때쯤 내 심장은 더 이상 뛰고 있지 않겠지.
너희 곁이 아닌 조금 높이 있는 천국이란 곳에서
내려다보고 있을 테니까.

너무 빨리 가져오지는 마.
너희가 지금 내 나이보다 곱절 아니
세 곱절은 더 많아졌을 때
그 때, 가지고 와줬으면 좋겠구나.
그 시절 함께해서 행복했어요. 라는 말 한마디와 함께...

사랑한다 요 녀석들!
그리고 너희와 함께여서 정말 행복했다.

_ 지병으로 사망한 어느 일본 선생님의
마지막 숙제

주께서 심지가 견고한 자를
평강하고 평강하도록 지키시리니
이는 그가 주를 신뢰함이니이다

_ 이사야 26:3

3부

사랑하는 아이들의
생활을 위한 기도

정직하고 성실한 사람이 되게 하옵소서

여호와를 경외하는 것이 지혜의 근본이요 거룩하신 자를 아는 것이 명철이니라(잠 9:10)

신실하신 하나님, 감사 찬송을 드립니다.
저와 우리 아이들이 하나님과 사람 앞에 정직하게 하여 주옵소서. 저희들은 순간을 모면하기 위하여 거짓말을 할 때가 있습니다.
회개하오니 불쌍히 여기시고 용서하여 주옵소서. 때론 사려 깊지 못하고 덤벙대거나, 너무 안일하게 내 입장만 생각하다가 남에게 상처를 줄 때도 있습니다. 용서하여 주옵소서.
주님, 설령 사람을 속일 수 있을지라도 하나님은 결단코 속일 수 없으며, 거짓은 오래가지 못하고 드러나게 되어 있음을 저와 아이들이 마음 깊이 새기게 하옵소서.
정직하지 못하고 잔꾀를 쓰거나 남을 속이는 자의 결국은 패망이며 결코 성공할 수 없음을 아이들이 잘 기억하게 도와주옵소서.
주님, 조금은 더디고 손해를 보는 일이 있더라도 저와 아이들이 옳은 길을 걷는 신뢰의 사람이 되게 하여 주옵소서.
자신에게 정직하여 어디서든지 당당함을 잃지 않게 하시고, 하나님의 자녀 된 모습에 부끄럽지 않게 하옵소서.
거룩하신 주님을 본받아 저희들의 삶이 구별되고 온전히 주님께 영광 돌리게 하옵소서. 우리 하나님은 정직하고 열정 있는 자를 기뻐하시고 사용하시는 줄 믿습니다.
항상 하나님 앞에서의 코람데오 신앙인의 모습을 세상에 드러내게 도와주옵소서.
하나님 아버지, 저와 아이들이 정직과 성실이 최고의 경쟁력임을 절대로 잊지 않도록 도와주옵소서.
어제나 오늘이나 영원토록 동일하신 예수 그리스도 이름으로 기도드립니다. 아멘

스마트 폰과 게임에서 자유롭게 하소서

> 만물의 마지막이 가까이 왔으니 그러므로 너희는 정신을 차리고 근신하여 기도하라 무엇보다도 뜨겁게 서로 사랑할지니 사랑은 허다한 죄를 덮느니라(벧전 4:7,8)

하나님 아버지, 보시옵소서.

보이는 것은 나타난 것으로 말미암지 않고 꿈꾸고 바라는 것으로 세상이 너무나 빠르게 변하고 있습니다.

주님, 지금은 정보화 디지털 시대로 초등학생 이전이라도 스마트폰을 사용하고 있습니다. 잘 사용하면 편리하지만 잘못 사용하거나 적절히 통제하지 못하면 오히려 독이 되고 중독이 되기 쉽습니다.

청소년은 물론 어른들도 그러할진대 하물며 어린 아이들은 두말할 나위가 없습니다.

주님, 어떻게 저들을 도울 수 있을까요. 지적 호기심과 정보 흡수력이 스펀지 같은 정말 중요한 시기에 오감만을 자극하는 이러한 도구가 저들의 인생을 빼앗아 가고 있습니다.

교회 안에서도 예외가 아닙니다. 주님의 말씀을 집중하기보다 스마트폰을 손에서 놓지 못합니다.

주님, 도와주셔서 더 재미있고 유익하게 주일학교를 운영할 수 있도록 지혜를 모으게 하옵소서. 자진하여 스마트폰을 맡기고 예배에 임하는 아이들이 되도록 은총을 베풀어 주옵소서.

스마트폰과 게임이 공부를 방해하는 절대적인 요소로 작용합니다. 저희들이 잘 지도하고 가르쳐서 유익한 도구가 되게 하옵소서. 눈에 보이고 귀로 듣고 손에 만져지는 세계는 영원하지 못함을 저희들과 아이들이 깨닫게 하옵소서.

영원한 주님의 나라가 아이들의 마음 가운데 임하시고 저들의 영혼을 흔들어 깨워 주옵소서.

사탄은 여러 모양으로 넘어지게 할지라도 예수 그리스도를 통한 구원과 승리와 영광이 있음을 믿고 나아갑니다.

예수 그리스도의 이름으로 감사하며 기도드립니다. 아멘

친구들과 아름다운 사귐을 주옵소서

그러므로 하나님의 능하신 손 아래에서 겸손하라 때가 되면 너희를 높이시리라 너희 염려를 다 주께 맡기라 이는 그가 너희를 돌보심이라(벧전 5:6,7)

사랑의 주님!

사랑하는 우리 반 아이들입니다. 주님께서는 어린 아이들을 사랑하시고 저들이 오는 것을 금하지 말라 말씀하셨습니다.

저들을 사랑으로, 말씀으로 잘 양육할 수 있도록 은혜를 베풀어 주옵소서. 이이들은 감수성이 예민하고 인격 형성에 중요한 시기입니다. 예수님의 온유함과 겸손함을 본받게 하시고 남을 배려하는 성품을 몸에 지닐 수 있도록 도와주옵소서.

사춘기를 지나며 방황하거나 부모의 말을 거스르며 엇나가는 아이도 있습니다. 주님, 저들의 잘못을 일일이 지적하여 고치려 할 때 오히려 역효과를 거둘 수 있음을 잘 알기에 기다림의 지혜를 허락해 달라고 기도합니다. 아이들의 마음을 잘 헤아려 다독

일 수 있도록 도와주옵소서.

주님, 질풍노도와 같은 시기엔 부모님과 선생님의 말보다 친구들의 말을 더 신뢰하고 영향을 많이 받는 줄 압니다. 좋은 친구를 사귀게 도와주옵소서.

사랑하는 주님!

우리 아이들이 현실에 안주하기보다 영안을 열어주셔서 친구들과 함께 눈을 들어 동서남북을 바라보며 큰 꿈을 꾸게 하옵소서. 각자의 개성에 따라 서로를 격려할 수 있는 좋은 친구들이 되게 하여 주옵소서.

좋으신 주님!

아이들이 끝까지 길을 인도하시는 주님을 붙잡고 주어진 생활에 최선을 다하도록 힘을 더하여 주옵소서. 혹 넘어지더라도 낙심하지 않게 하시고 오뚜기처럼 다시 일어서는 용기를 더하여 주옵소서.

하나님의 기쁘신 뜻을 우리의 마음에 소원을 두고 행하게 하시는 예수 그리스도 이름으로 기도드립니다. 아멘

결핍을 이겨 내게 하소서

너희가 내 안에 거하고 내 말이 너희 안에 거하면 무엇이든지 원하는 대로 구하라 그리하면 이루리라(요 15:7)

거룩하신 하나님!

우리는 잉태되는 그 순간부터 죄인의 속성을 가지고 있음을 고백합니다. 죄로 말미암아 세상에는 슬픔과 고통과 좌절과 절망이 가득 차게 되었습니다. 이러한 세상에서 아이들은 자라온 환경과 겪게 될 여러 가지 수많은 경험들로 인해 마음속에 상처가 생겨나고 메워지지 않는 결핍이 존재하게 될 것입니다.

주님!

우리는 때때로 그 결핍이 마음속에서 우리의 자아를 조정하는 것을 경험합니다. 영혼이 그 결핍의 공허함을 견디지 못해 방황하기도 합니다. 그래서 견디지 못한 사람들은 이성과의 육체적이고 순간적인 사랑으로, 탐욕스런 재물욕으로, 때로는 다른 위험한 약물로 그 결핍을 채우고자 발버둥칩니다.
하나님 아버지!
그러나 그 결핍을 이겨 내게 된다면 마치 가시밭에 핀 백합처럼 아름다운 꽃을 피우는 놀라운 경험을 하게 된다는 것을 알게 하옵소서.
결핍이 오히려 하나님께로 달려가는 믿음의 길을 보여 줄 것이며, 일차원적인 육체의 눈이 아니라 깊이 숨겨진 또 다른 세상의 이면을 보게 되는 믿음의 눈을 갖게 할 것이며, 사망 가운데 속수무책으로 걸어가는 상처 난 영혼들의 마음을 이해하는 하나님 아버지의 마음을 얻게 할 것이라는 것을 우리 아이들이 알게 하옵소서.
주님, 이 결핍은 나에게는 때로는 피눈물을 흘리는 고통이지만 주님의 십자가에서 겪으셨던 그 사랑의 마음을 알게 하는 믿음으로 승화할 수 있다는 것을 알게 하옵소서.
예수 그리스도의 이름으로 기도드립니다. 아멘

하나님이 계획한
완전한 결혼을 꿈꾸게 하소서

> 여호와께서 그들 앞에서 가시며 낮에는 구름 기둥으로 그들의 길을 인도하시고 밤에는 불 기둥을 그들에게 비추사 낮이나 밤이나 진행하게 하시니(출 13:21)

자연과 온 우주를 한 치의 어긋남도 없이 정교하게 창조하신 하나님 아버지!

광활한 자연을 창조하시고 그 속에서 뛰노는 생명력 가득한 동물들을 만드신 후, 이 모든 것을 누리고 다스릴 수 있도록 하나님의 대리자요 하나님의 형상이며 하나님의 아들인 사람을 지으심에 감사드립니다.

그러나 주님, 지금 이 세상은 너무나 슬프고 참담하게도 하나님께서 창조하신 자연의 순리를 역행하는 인간의 오만한 법들이 세워져 가고 있습니다. 남자와 여자의 성스런 결혼이 아닌 남자와 남자, 여자와 여자의 결합으로 창조의 법칙을 깨뜨려 죄의 비참한 열매를 맺게 하는 법들이 만들어지고 있습니다.

이런 모순된 조합이 사랑이라고 말하며 누릴 권리가 있다고 외치는 왜곡된 이 세상에서 우리 아이들의 마음과 생각을 지켜 주옵소서.

하나님께서 기뻐하시는 생명이 충만한 결혼을 위해 기도하게 하소서. 아이들과 청년들의 가슴속에 결혼과 가정에 대한 올바른 가치관들이 새겨지게 하옵소서.

그들이 꿈꾸며 설레는 결혼은 하나님께서 원래대로 창조하신 남자와 여자의 아름다운 한 몸임을 알게 하시고, 생명을 잉태하고 번성하는 생명의 열매가 가득한 가정들을 이루도록 지켜 주옵소서.

주님, 인간의 법이 하나님의 법을 짓밟는 이 시대에 그것이 죄라는 사실을 분명히 새길 수 있도록 저들의 심지를 굳건히 하여 주옵소서.

거룩하신 예수 그리스도의 이름으로 기도드립니다. 아멘

돈과 물질에 대해
정직한 그리스도인 되게 하옵소서

> 문지기는 그를 위하여 문을 열고 양은 그의 음성을 듣나니 그가 자기 양의 이름을 각각 불러 인도하여 내느니라(요 10:3)

하나님 아버지!

하나님의 진실한 복은 하나님의 자녀가 되는 것이며, 이 땅에서 악한 세력의 어둠을 몰아내는 하나님의 성령의 충만한 자로 살아가는 것임을 다시 한번 고백합니다.

그리스도인은 하나님이 아닌 다른 것에 굴복 당하지 않으며 세상을 다스리고 통치하는 것임을 알게 하옵소서.

물질 앞에 무릎 꿇지 않게 하옵소서. 재물 앞에서 하나님께 받았던 하나님의 마음을 버리지 않게 하옵소서.

빈곤한 자에게는 부끄러운 마음을 버리게 하시며 고아와 과부의 하나님이라는 것을 믿음으로 고백하여 이 땅에서 날마다 하나님께서 가까이 하시는 사람임을 깨닫고 천국의 기쁨으로 살게 하옵소서.
부한 자에게는 그 부로 인하여 자고하지 않게 하시고, 하나님이 가까이 하시는 사람들을 위해 믿음으로 부를 흘려 보내는 진실한 믿음의 종이 되게 하옵소서.
하나님 아버지!
우리 아이들이 자랄 때에는 가난함이든지 부유함이든지 하나님 안에서 똑같은 천국의 마음을 가지게 하시고 물질 앞에서 하나님의 마음을 버리는 사람이 되지 않기를 간절히 기도합니다.
하나님을 향한 정직한 그리스도인으로 살게 하시어 이 땅에서 존경받고 칭찬받는 진짜 그리스도인들이 되게 하옵소서.
감사드리며 언제나 모든 것 속에서 우리를 부요케 하시는 예수 그리스도의 이름으로 기도드렸습니다. 아멘

가난한 부모님 연약한 부모님 안에서 하나님을 발견하게 하소서

그가 어떤 사람은 사도로, 어떤 사람은 선지자로, 어떤 사람은 복음 전하는 자로, 어떤 사람은 목사와 교사로 삼으셨으니(엡 4:11)

약함을 들어 강하게 하시는 하나님!
어머니는 오늘도 고질병들을 친구삼아 그들을 다독이며 일터로 나갑니다. 하루의 시작을 하나님을 예배하는 것으로 시작하여 지금까지 자식들의 앞길을 위해 기도하지 않은 날들이 없었습니다. 그럼에도 불구하고 달라진 것은 없습니다.
그렇게 아픔을 간직하고 있는 가장 약하고 늙은 어머니의 손을 바라봅니다. 거기서 예수님의 손을 발견합니다. 예수님의 얼굴을 느낍니다. 부모님은 하나님의 형상이구나 깨닫습니다.
가장 약한 부모, 가난한 어머니였던 여리고 늙은 손에서 하나님의 크신 사랑, 거룩한 희생, 하나님의 임재를 경험하였습니다. 예수 그리스도께서 몸과 살을 다 찢기면서까지 인간을 위해 남김없이 다 주었다는 사실이 현실로 느껴진 시간이었습니다.
주님, 우리 아이들에게 부모님을 더 일찍 사랑할 수 있는 마음을 주옵소서. 시간이 너무 빨라 먼저 가신 부모님을 붙잡을 수 없다는 것을 알고 아무것도 할 수 없다는 현실에 목 놓아 우는 저의 모습이 우리 아이들에게는 똑같이 되풀이되지 않기를 진심으로 기도합니다.
자신의 어느 것 하나 성한 것 없고 아프더라도 자녀를 위해 마지막 남은 것까지도 아낌없이 주는 부모님 안에서 그리스도의 사랑이 있음을 깨닫게 하옵소서. 하나님이 만나게 하신 육신의 부모님과 함께할 날들을 소중히 여기며 부모님을 존귀하게 여기며 사랑하는 날들이 더 많아지게 하옵소서.
연약한 부모를 부끄러워하지 않고, 경멸하지 않고, 존경하며 자랑스러워하는 신앙의 아이들이 되게 하옵소서.
예수 그리스도의 이름으로 기도드립니다. 아멘

잘못을 인정하는
용기를 가진 사람이 되게 하옵소서

내가 이 복음을 위하여 선포자와 사도와 교사로 세우심을 입었노라(딤후 1:11)

거룩하신 하나님!

우리가 완벽한 존재가 아님을 인정하게 하소서. 우리의 행동과 말이 순간의 악한 생각으로 인하여 그릇된 결과를 가져올 수 있다는 것을 압니다. 잘못된 사건의 원인이 나에게 있을 수도 있습니다. 그러나 우리는 사람들의 차가운 시선이 두려워 선뜻 인정하지 않은 채 다른 이에게 책임을 전가하였던 적이 많았음을 고백합니다.

하나님 아버지! 우리 아이들이 자기의 잘못을 인정하기를 원합니다. 순간을 모면하기 위해 실수를 덮거나 다른 이를 탓하지 않게 하옵소서. 지금 당장은 사람들의 질타를 받지 않겠지만 진실은 반드시 밝혀지며 사람들의 눈과 귀를 가릴지라도 우리는 언제나 하나님 앞에 드러나 있는 존재임을 알게 하소서. 우리 아이들의 양심이 전능하신 하나님을 의식하며 죄로 인하여 넘어졌을 때 자기의 죄를 하나님께 고백하게 하옵소서. 주님, 사람에게 잘못한 것이라면 즉시 그 사람을 찾아가 진심어린 마음으로 용서를 구하게 하옵소서. 자신의 잘못으로 인한 결과가 물론 두렵겠지만 회피하지 않게 하옵소서. 자기의 죄로 인하여 상처 입은 사람을 찾아가 고백하고 용서를 구하는 노력이 진실한 회개임을 알게 하시고 진실한 회개는 하나님께서 우리를 새롭게 하여 주시는 기회라고 믿게 하옵소서. 옛사람을 벗고 하나님께서 새롭게 해 주시길 간절히 기도하게 하옵소서.

하나님, 우리 아이들이 죄의 문 앞에 넘어져 그대로 정복 당하는 삶을 사는 것이 아니라 하나님을 의지하여 진실한 사람으로 살기를 몸부림치는 믿음의 자녀들이 되기를 원합니다.

예수 그리스도의 이름으로 기도드렸습니다. 아멘

부지런하며 작은 일에도
최선을 다하게 하소서

안디옥 교회에 선지자들과 교사들이 있으니 곧 바나바와 니게르라 하는 시므온과 구레네 사람 루기오와 분봉 왕 헤롯의 젖동생 마나엔과 및 사울이라(행 13:1)

성실하신 하나님 아버지!

주께서는 한 달란트를 받은 자가 주인이 오기까지 아무것도 하지 않은 채 세월을 허비하다 결국 비참하게 쫓겨났음을 말씀하셨습니다.

주님, 주께서는 단순히 내쫓지 않으셨습니다. 악하고 게으른 종이라며 무섭게 질책하셨습니다. 도무지 용서할 기미를 보이지 않으셨습니다.

두렵습니다.

혹시라도 저와 우리 아이들이 악하고 게으른 종의 모습으로 살고 있지 않은지 두렵습니다.

주님, 저희에게 맡기신 사명에 최선을 다할 것을 다시 한 번 다짐합니다. 제가 살고 있는 이 하루를 최선을 다해 부지런히 살 것을 또 다짐합니다. 아이들이 자기에게 맡겨진 작은 일에 열심을 다하는 사람이 되기를 기도합니다.

작은 일을 무시하지 않고 보이지 않는 일이라 해서 뒤로 미루지 않게 하옵소서. 사람들이 한눈에 볼 수 있는 큰일만 쫓아다니는 사람이 되지 않게 하옵소서.

아주 작고 세밀한 일, 보이지 않는 일, 남들이 알아주지 않는 조그마한 일에 감사하며 그 일에 최선을 다하여 기쁨으로 거두게 하옵소서.

언제나 모든 일에 감사하고 부지런하며 최선을 다할 때에 그 작은 일을 통해 큰일을 이루시는 하나님이시기에 자신이 드러나지 않아도 감사하게 하옵소서.

세상의 사람들이 조그만 일을 부지런히 감당하는 우리의 열심을 보며 하나님의 사람들을 칭찬하고 하나님을 높이게 하옵소서.

예수 그리스도의 이름으로 기도드렸습니다. 아멘

하나님이 만드신 자연을 소중하게 다루길 바라며

하나님이 그들에게 복을 주시며 하나님이 그들에게 이르시되 생육하고 번성하여 땅에 충만하라, 땅을 정복하라, 바다의 물고기와 하늘의 새와 땅에 움직이는 모든 생물을 다스리라 하시니라 (창 1:28)

아름다운 자연을 만드시고 우리에게 잘 다스리도록 명령하신 하나님!

우리에게 신선한 공기, 아름다운 꽃과 나무, 웅장한 산과 바다를 주시고, 오묘하고 신기한 동물들을 만들어 주시고 해와 달, 별들이 안전하게 운행할 수 있게 해 주심을 감사드립니다. 모든 자연의 질서는 하나님이 만드시고 움직이심을 믿습니다.

그러나 사람들은 하나님 없이도 세상이 잘 돌아간다고 생각하고 있습니다. 첨단과학의 발전이 하나님 없이 인간의 힘과 지혜로 다 이루어놓은 것이라고 착각하게 합니다.

주님! 하나님의 섭리가 아니고는 저 별들도 질서

있게 움직일 수 없고, 우리는 숨조차 제대로 쉴 수 없음을 믿습니다. 우리 아이들에게 하나님이 만드신 자연을 사랑하고 소중히 다룰 수 있는 마음을 주시길 원합니다. 길가에 핀 작은 꽃 한 송이를 보면서도 생명의 소중함을 알고 하나님의 손길을 느낄 수 있는 아이들이 되게 해 주옵소서.

은혜의 하나님!

우리가 하나님의 뜻을 잘 알기를 원합니다. 아름다운 자연을 잘 지키고 잘 사용하여 자연과 더불어 사는 기쁨, 감사를 알게 해 주옵소서. 공해가 생기는 것들은 멀리 하고, 일회용 물품은 되도록 쓰지 않으려고 노력하고, 자원을 아끼는 마음과 생활을 갖게 해 주옵소서. 친구들과 물건을 서로 나누며 아껴 쓰고, 나눠 쓰고, 바꿔서 쓰고, 다시 쓰는 운동도 계속 실천할 수 있게 해 주옵소서.

하나님이 만드신 자연, 우리가 계속 더불어 살아가야 할 자연이 잘 보존되게 해 주옵소서.

예수 그리스도의 이름으로 기도드립니다. 아멘

아이들의 부모님이 하나님의 뜻대로 자녀들을 양육할 수 있기를 바라며

> 또 아비들아 너희 자녀를 노엽게 하지 말고 오직 주의 교훈과 훈계로 양육하라(엡 6:4)

우리에게 좋은 부모님을 주신 하나님!
우리를 품어 주고 돌보아 주는 따뜻한 부모님을 주셔서 감사합니다. 부모님은 하나님 대신 우리 자녀들을 돌보고 하나님의 모습을 알게 하시기 위해 보내신 하나님의 사랑임을 믿습니다. 세상의 가치와 경쟁 속에서 힘겹게 살아내는 우리 아이들의 부모님들을 위해 기도합니다.

우리 부모님들이 힘겨운 세상살이에서 하나님을 믿는 믿음과 하나님께서 원하시는 올바른 가치관을 외면하지 않게 하여 주옵소서. 하나님만이 우리 인생을 돌보시고 구원하여 주시는 구원자요 인도자이심을 믿고 하나님을 향한 믿음을 지키게 하여 주옵소서. 주어진 환경과 작은 일에도, 하루 하루 건강하게 살아가며 일할 수 있는 터전이 있음으로 인해서 감사하는 마음의 여유가 있게 하옵소서. 선한 양심을 따라 사는 삶이 늘 생활 속에 녹아 배신과 속임과 교만 대신 사랑의 섬김과 양보와 배려와 선행이 삶을 채워가게 하옵소서. 하나님의 말씀에 늘 귀 기울이며 말씀을 생활 속에서 따르고 실천하고자 몸부림치는 부모님이 되게 하시고, 하나님이 기뻐하시지 않는 일에는 용기 내어 거절할 수 있는 참믿음의 부모님이 되게 하여 주옵소서.

그들의 자녀에게도 하나님을 믿는 바른 양심을 가르치기에 부족함이 없게 하시고 감사와 찬양이 자연스럽게 배어들게 하옵소서. 부모님의 선행과 섬김과 양보와 배려의 삶이 그 어떠한 화려한 삶보다도 더 빛나게 자녀들의 마음에 새겨지게 하시고, 부모님의 모습을 떠올릴 때마다 따르고 배우고 본받고자 하는 마음이 솟아나게 하옵소서.

예수 그리스도의 이름으로 기도드립니다. 아멘

좋은 친구들을 만나길 바라며

다윗이 사울에게 말하기를 마치매 요나단의 마음이 다윗의 마음과 하나가 되어 요나단이 그를 자기 생명같이 사랑하니라(삼상 18:1)

참 좋은 친구가 되어 주시는 하나님!
아이들의 때는 정신적으로 육체적으로 가장 아름답고 완벽한 성장이 이루어지는 시기요, 가장 따뜻하고 소중한 추억들이 쌓이는 시기를 지나고 있습니다. 세상을 보는 눈이 열리고 자신만의 가치관이 세워지는 중요한 시기를 지나고 있습니다. 이러한 시기에 우리 아이들이 만나는 친구들, 교우관계를 위해서 기도합니다.
우리를 가장 잘 아시는 하나님!
우리 아이들이 예수님을 믿고 성경 속 바른 가치관을 가지며 착한 마음을 가진 친구들을 만나게 해 주옵소서. 친구들과의 대화와 놀이의 시간, 공부하는 시간에도 함께하여 주셔서 그 과정에 하나님이 기뻐하시지 않는 언어와 행동들을 하지 않도록 도와주옵소서. 오히려 하나님의 사랑과 은혜를 나누고 서로의 상처를 보듬어 주며, 서로를 세워 주는 대화가 오가게 하시고, 함께 좋은 꿈을 꾸는 시간들로 채워지게 하옵소서.

요나단의 마음이 다윗의 마음과 하나가 되어 사랑과 의리로 서로를 세워 준 것처럼 우리 아이들이 다윗과 요나단 같은 친구를 얻게 하옵소서.

우리 아이들이 다른 이들에게 좋은 친구가 될 수 있도록 인도하여 주옵소서. 친구들과의 만남 속에서 세상의 많은 좋은 가치들이 하나님께로부터 왔음을 알고, 하나님과 다른 것을 바꾸지 않는 믿음을 나누도록 도와주옵소서. 훗날 어른이 되었을 때 좀 더 나은 가치관이 보편화되어 더욱 성숙하고 아름다운 세상이 되게 하여 주옵소서. 가장 좋은 친구는 바로 예수님이심을 알고 늘 예수님과 동행하며 사랑을 나누는 아이들이 되게 해 주옵소서.

우리 아이들의 선한 목자가 되시는 예수 그리스도의 이름으로 기도드립니다. 아멘

각종 자극적인 게임과 미디어로부터 건강한 몸과 마음을 지키길 바라며

> 너희는 이 세대를 본받지 말고 오직 마음을 새롭게 함으로 변화를 받아 하나님의 선하시고 기뻐하시고 온전하신 뜻이 무엇인지 분별하도록 하라(롬 12:2)

은혜로우신 하나님!

과학이 발달하고 각종 미디어가 발달함이 오히려 우리 아이들의 눈과 귀에 이기기 어려운 수많은 죄를 불러들이고 있습니다.

자비로우신 하나님!

우리 아이들은 아직 옳고 그름의 판단이 정확하지 않고 자기정체성도 형성되지 않았는데, 수많은 잔혹한 게임들, 옳지 않은 자극적인 영상들의 유혹에 노출되어 있습니다.

새가 머리 위를 날아갈 수는 있지만 둥지를 틀지 못하도록 해야 하듯이, 죄도 지나갈 수 있으나 그것이 마음에 둥지를 틀지 못하게 해야 한다고 한 루터의 고백과 같이 우리 아이들도 죄가 마음속에서 둥지를 틀지 않도록 이길 힘을 주옵소서. 나아가 옳지 않은 수많은 자극적인 영상물을 만드는 사람들이 생겨나지 않도록 해 주옵소서.

어른의 잘못된 욕심, 비양심적인 행동들이 우리 아이들의 눈과 귀를 썩게 하고 있습니다.

잘못된 유행을 생각 없이 따르지 않도록 분별의 영을 허락하여 주시고 유혹을 거절할 수 있는 용기를 허락하여 주옵소서.

주님! 우리 아이들이 주님이 만드신 아름다운 것을 볼 수 있는 눈을 갖게 하시고, 좋은 것을 생각할 수 있는 마음을 갖게 하여 주옵소서.

몸으로도 마음으로도 더러운 죄 안에 거하지 않게 하시고 건강한 정신과 몸으로 하나님을 찬양하며 섬기는 아이들이 되게 하여 주옵소서.

예수 그리스도의 이름으로 기도드립니다. 아멘

사랑하는 학생들의 가정을 위한 기도

눈물을 흘리며 씨를 뿌리는 자는 기쁨으로 거두리로다 울며 씨를 뿌리러 나가는 자는 반드시 기쁨으로 그 곡식 단을 가지고 돌아오리로다(시 126:5,6)

하나님, 저에게 허락하신 사랑하는 학생들의 가정을 축복하며 하나님 앞에 올려드립니다.
주님, 수많은 아이들이 믿음의 가정에서조차 하나님 나라를 경험하지 못하고, 하나님 말씀을 전수받지 못하고 있는 것을 생각할 때 애통한 마음이 가득합니다.
하나님, 우리 아이들의 가정에서 하나님 이름이 높임을 받으시고, 하나님 나라가 임하시고, 하나님의 뜻이 이루어지기를 기도합니다.
사랑하는 아이들의 부모님들이 자녀들의 영원한 삶에 대해 고민하고 기도하도록 인도해 주시고 땅에 살지만 하늘을 소망하는 하나님의 자녀로 키우는 지혜와 현명함을 주옵소서.
아이들이 가정에서 깊은 안정감과 사랑을 느끼게

해 주시고 부모님의 삶을 통해 믿음이 전수되도록 사랑하는 아이들의 부모님을 굳게 붙드사 믿음의 선조들로 삼아 주옵소서.

가정에서 받은 상처 때문에 분노와 원망에 사로잡혀 있지 않게 하시고, 예수 그리스도의 복음과 사랑 안에서 더 연약한 자를 돕고 위로할 수 있는 위로자로 삼아 주옵소서.

하나님, 제가 교사이지만 아이들을 대할 때는 부모의 심정을 갖게 하시고, 부족하지만 저를 통해서라도 사랑하는 학생들이 아름다운 믿음의 가정을 꿈꾸고 준비할 수 있도록 사용하옵소서.

아이들의 상한 마음을 그리스도의 사랑으로 위로하며 회복시키는 교사가 될 수 있도록 하나님의 마음을 부어 주옵소서.

사랑하는 아이들을 온전히 그리스도께로 인도함으로 저들이 진짜 아버지이신 하나님을 만나고 인생이 달라지는 놀라운 기적을 베풀어 주옵소서.

예수 그리스도의 이름으로 기도드립니다. 아멘

사랑하는 학생들의 학교를 위한 기도

> **내 안에 거하라 나도 너희 안에 거하리라 가지가 포도나무에 붙어 있지 아니하면 스스로 열매를 맺을 수 없음 같이 너희도 내 안에 있지 아니하면 그러하리라**(요 15:4)

사랑의 주님.

이 시간에는 저에게 맡겨 주신 학생들이 다니고 있는 학교를 그리스도의 사랑으로 축복하며 주님께 올려드립니다.

그 아이들이 일주일 내내 하루에도 긴 시간을 보내는 학교를 주님의 특별한 사랑으로 보호하시고 그곳에서도 주님의 임재를 경험할 수 있도록 저희 학생들을 붙들어 주옵소서.

아이들의 학교가 입시 위주의 경쟁으로만 치닫지 않게 하시고, 친구를 돌아보고 함께 건강하게 성장하는 귀한 장이 될 수 있도록 도와주옵소서.

성적으로만 아이들의 가치를 매기지 않고, 한 아이 한 아이를 존귀히 대할 수 있는 사명감 있는 선생님들을 만날 수 있도록 아이들에게 스승의 복을 주시고, 또한 좋은 친구들을 만나게 해 주옵소서. 학생들을 만나는 친구들마다 영적인 복을 누릴 수 있도록, 제게 맡겨 주신 귀한 아이들이 먼저 좋은 친구가 되게 하여 주옵소서.

같이 믿음을 격려하고 함께 말씀을 나눌 수 있는 믿음의 친구들을 붙여 주시고 깊이 마음을 나눌 수 있는 평생의 친구들도 만들어 주옵소서.

학교 현장에서 벌어지고 있는 모든 악행과 나쁜 구습들, 학교 폭력과 따돌림, 동성애 확산과 음란한 문화들이 성령님의 주권 아래에서 정말로 학생들을 살리고 회복시키는 방향으로 제거되고 정리되게 해 주옵소서.

사랑하는 학생들이 자신의 학교와 반을 위해서, 선생님과 친구들을 위해서 기도하는 중보 기도자의 역할을 감당하게 하시고 이들이 속한 곳마다 빛을 비추어 어둠을 몰아내는 주님의 도구로 사용하여 주옵소서.

예수 그리스도의 이름으로 기도드립니다. 아멘

사랑하는 학생들의 소속감을 위한 기도

> 주의 빛과 주의 진리를 보내시어 나를 인도하시고 주의 거룩한 산과 주께서 계시는 곳에 이르게 하소서(시 43:3)

주님, 제게 맡겨 주신 아이들이 교회 안에서 외롭지 않고 소속감을 누리길 원합니다.
요즘 아이들이 실은 얼마나 외로움을 많이 타는지 겉으로 볼 때는 개념없어 보이고 귀에 이어폰을 꽂고 신나게 리듬을 타는 것 같지만, 실상 저들의 심령은 외롭고 불안하고 갈 바를 알지 못하는 것을 압니다.
누군가 자신을 알아 주고, 자신의 마음을 깊이 이해해 주길 바라며, 사랑받고 싶어 한다는 것을 압니다.
주님, 제가 아이들에게 소홀해서 아이들이 엉뚱한 곳에서 위로를 받거나 가서는 안될 곳에서 소속감을 느끼지 않게 해 주옵소서.
함께하시는 주님!

제가 아이들을 만날 때마다 최선을 다해 아이들을 사랑하고 인정하며, 저의 깊은 마음도 함께 나눌 수 있도록 제 마음 가운데서도 일해 주옵소서.

제가 지금은 가르치는 교사이지만, 머지않아 이 아이들이 저와 함께 하나님 나라를 세워갈 동역자임을 깨닫게 하셔서 제가 겸손히 저 아이들과 삶을 나눌 수 있도록 도와주옵소서.

그래서 사랑하는 아이들이 교회에서나 저를 만났을 때, 우리가 그리스도 예수 안에서 한 가족임을 확신하게 해 주시고 자신의 존재감과 안정감을 그리스도의 진리가 없는 곳에서 찾지 않게 하여 주옵소서.

학생들을 대할 때, 한 명 한 명 최선을 다해 주께 하듯 하게 하시고, 어린아이 하나에게 한 것이 예수님께 한 것과 같다고 하신 말씀을 기억하며 **힘껏 사랑하는 사랑의 교사가 되게 해 주옵소서.**

주님, 제게 그리스도의 사랑을 부어 주옵소서.

예수 그리스도의 이름으로 기도드립니다. 아멘

꿈을 기억하게 하여 주소서

주를 향하여 이 소망을 가진 자마다 그의 깨끗하심과 같이 자기를 깨끗하게 하느니라(요일 3:3)

사랑이 풍성하신 하나님!
우리 아이들이 꿈을 꾸며 살게 하옵소서.
험한 세상에서 승승장구하는 일보다 낙심하고 좌절하는 일이 더 많을 수도 있습니다.
그럴 때 하나님께서 주신 꿈을 기억하게 도와주옵소서.
그 꿈이 우리 인생을 이끌어 나가게 하시고 실패의 수렁을 건너가게 하옵소서.
하나님께서 주신 꿈을 붙잡고 끝까지 포기하지 않았던 요셉처럼 우리도 주어진 환경이 아무리 힘들지라도 주님이 주신 꿈을 가슴에 품고 고난을 이겨내며 승리의 열매를 얻을 수 있도록 도와주옵소서.
주님이 뜻하신 때가 있고, 주님이 뜻하신 모습이 있을 것입니다.

중도에 포기하지 않게 하시고 주님이 이끄시는 대로 최선을 다해 순종해 나갈 수 있도록 도와주옵소서.

하나님께서 저희를 인도하시는 그 열심을 저희도 느끼며 하나님께 열심을 다해 다가갈 수 있게 하여 주옵소서.

세상적인 성공에 이르지 못하더라도, 모습이 아름답지 못하더라도 오히려 약한 것에서 강함을 나타내시는 하나님을 믿고 한 걸음 한 걸음 걸어 나가게 하여 주옵소서.

아픔도, 실패도, 고난도 모두 하나님 안에 있으면 합력하여 선을 이룰 조건들이 됨을 믿습니다.

저희 모두에게 영적인 비전과 목표를 주셔서 그 꿈으로 인해 가장 복된 은혜를 누릴 수 있게 하여 주옵소서.

예수 그리스도의 이름으로 기도드립니다. 아멘

• 따뜻한 감동을 주는 글

어떤 소년이 눈물을 흘리며
바이올린 연주를 하고 있었습니다.

....

집안이 많이 가난했던 소년은
브라질의 빈민촌에서 태어났습니다.

살림이 어려운 집의 아이들은
흔히 방황하며 바른 길에서 벗어나기 마련입니다.

이 소년 역시 그렇게 일탈의 길로 접어들었습니다.

그런데 이 모습을 안타깝게 여긴 선생님이
바이올린을 가르치기 시작했습니다.

음악은 소년에게 새로운 세상을 보여 주었고
결국 소년은 음악으로 자신의 역경을 극복하게 되었습니다.

소년은 나중에 음악으로 성공하는 것을
선생님께 보여드리자고 혼자서 약속했습니다.

그러나 음악을 가르쳐 주신
고마우신 선생님이
돌아가시고 말았습니다.

선생님의 장례식장,
소년은 돌아가신 선생님께
그동안 배운 바이올린 연주를 들려드렸습니다.
눈물이 하염없이 흘렀지만
선생님께 드릴 수 있는 유일한 것인
바이올린 연주를 멈추지 않았습니다.

"좋은 스승이란 촛불과도 같다.
자기 스스로를 소비해서 남들을 위해 불을 밝힌다."
― 아타투르크

이같이 너희 빛이 사람 앞에 비치게 하여
그들로 너희 착한 행실을 보고 하늘에 계신
너희 아버지께 영광을 돌리게 하라

_ 마태복음 5:16

4부

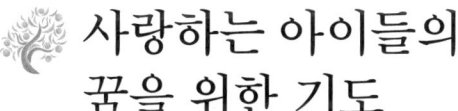

사랑하는 아이들의 꿈을 위한 기도

아이들에게 꿈을 허락하소서

주의 말씀은 내 발에 등이요 내 길에 빛이니이다 주의 의로운 규례들을 지키기로 맹세하고 굳게 정하였나이다(시 119:105,106)

살아 계신 하나님 아버지, 은혜를 감사합니다.
주님은 자기의 기쁘신 뜻을 위하여 우리에게 마음의 소원을 두고 행하게 하시는 줄 믿습니다.
주여, 요셉에게 꿈을 꾸게 하신 것처럼 사랑하는 아이들에게 꿈을 허락하여 주옵소서. 지능의 높고 낮음과 상관없이, 빈부의 격차와 상관없이 하나님의 거룩한 꿈을 꾸게 하옵소서.
보이지 않는 것을 보이는 것처럼 부르시는 하나님! 꿈꾸는 저와 아이들이 되게 하옵소서. 하나님께 다듬어지고 쓰임받는 주의 일꾼이 되도록 꿈을 꾸게 하옵소서. 남이 보기에 무모하게 보일지라도 꿈꾸는 아이들이 되게 하시고 포기하지 않는 사람이 되게 하옵소서.
꿈이 있기에 어려움이 닥쳐도 꿋꿋하게 이겨 내게

하시고, 꿈이 있기에 그것을 이루기 위해 한 걸음씩 노력하는 사람이 되게 하옵소서.
"네 입을 넓게 열라 내가 채우리라"고 하신 주님! 아이들의 생각의 폭을 넓혀 주시고 온 인류에게 편리함과 유익을 줄 수 있는 큰 꿈을 꾸게 하옵소서. 남들이 생각하지도 못하고 꿈꾸지도 못했던 하나님이 주신 거룩한 꿈을 품고 그것을 이루려 전진하는 하나님의 사람이 되게 하옵소서.
하나님 아버지!
성경은 하나님의 생각이며 꿈꾸는 사람들의 이야기입니다. 상상력을 펼쳐 성경 시대의 상황과 흔적을 생생히 전달하는 하나님의 메신저가 되어 사랑하는 아이들을 잘 가르치고 격려하는 주님께 합당한 교사로 부족함이 없게 하여 주옵소서.
항상 우리와 함께하시는 예수 그리스도 이름으로 간절히 기도드립니다. 아멘

하나님이 주신 재능을
잘 계발하게 하소서

> 여호와는 네게 복을 주시고 너를 지키시기를 원하며 여호와는 그의 얼굴을 네게 비추사 은혜 베푸시기를 원하며 (민 6:24,25)

하나님 아버지의 무한하신 능력을 찬양합니다. 우주 만물의 운행과 질서, 완벽한 설계와 조화를 이루신 주님께 모든 감사와 영광을 돌립니다.

하나님 아버지!

우리 인생들에게도 각자의 재능과 성품을 허락하심을 감사드립니다. 주님께 간구하오니 우리 아이들이 자신에게 주어진 재능을 잘 알아가게 하시고 저들의 재능과 장점을 발굴하는 데 교사로서 격려하며 도움을 줄 수 있기를 원합니다. 지혜와 능력을 옷 입혀 주옵소서.

사랑의 주님!

아이들이 남들에게 주어진 재능을 비교하며 부러워하기보다 자신에게 주어진 재능이 무엇인지 잘 알게 하여 주옵소서. 또한 재능을 타고났어도 열심과 최선을 다하여 노력하지 않으면 쓸모없는 사람이 된다는 것을 명심하게 하옵소서.

하나님 아버지!

시작이 반이요, 천리 길도 한 걸음부터라는 말이 있듯이 당장 무엇을 얻으려 욕심 부리지 말고, 끈기 있게 노력하는 아이들이 되게 하옵소서.

하나님 아버지!

아이들이 주님이 주신 재능을 잘 갈고 닦아서 자신의 출세와 만족을 넘어서 여러 사람과 사회에 큰 공헌을 할 수 있도록 도와주옵소서.

우리 하나님은 전심으로 자신에게 향하는 자들에게 능력을 베푸신다고 말씀하셨으니 저와 우리 아이들이 믿음의 주요 온전케 하시는 주님만을 의지하는 하나님의 사람이 되게 하옵소서.

우리의 목자 되시고 지혜와 능력이 되시는 예수 그리스도 이름으로 간절히 기도드립니다. 아멘

배움의 기쁨을 알게 하소서

> **이스라엘아 들으라 우리 하나님 여호와는 오직 유일한 여호와이시니** 너는 마음을 다하고 뜻을 다하고 힘을 다하여 네 하나님 여호와를 사랑하라(시 6:4,5)

언제나 오래 참으시고 소망과 생명을 주시는 하나님 아버지, 무한하신 은혜를 감사합니다.
사랑의 주님!
우리 아이들이 배움의 중요한 시기를 지나고 있습니다. 아직은 철이 없고 배움의 소중함도, 왜 공부해야 하는지도 잘 모릅니다. 우리 아이들이 한 번에 욕심 부리지 않고 차근차근 뿌리를 다질 수 있도록 도와주옵소서.
부모님과 선생님의 기대에 부응하기 위하여 억지로 공부하다가 부응하지 못하면 낙심할 수 있음을 압니다. 주님, 아이들이 진정으로 배워가는 즐거움을 알게 하시고, 스스로 노력하는 힘을 주옵소서.
이세상의 지식도 중요하지만 만물을 창조하시고 다스리시는 만물의 근원이 되시는 하나님을 알아가고 믿음에 이르는 일이 무엇보다 중요합니다.
성령님, 임하셔서 하나님의 사랑과 십자가의 대속의 은총을 깊이 깨닫고 회개함에 이르도록 은혜를 베풀어 주옵소서.
둘로 하나를 만드시고 중간에 막힌 담을 자기 육체로 허물어 화평케 하시는 그 은혜를 지식만으로는 알 수 없사오니 성령이여 임하시옵소서.
사랑의 주님!
성령으로 말미암아 아이들에게 꿈과 비전을 허락하시고 주님께서 쓰시기에 합당한 그릇으로 세워지게 하옵소서. 많은 고통과 어려움이 닥치고 심지어 죽음이 다가와도 굴하지 않았던 사도 바울의 믿음을 본받게 하옵소서.
배운 것을 잊어버려도 또다시 반복하여 내 것이 되게 하고 친구에게 배움을 나누어 줄 수 있을 때까지 노력하고 노력하는 우리 아이들이 되게 하옵소서.
예수 그리스도 이름으로 기도드립니다. 아멘

하나님의 마음을 주소서

주께서 심지가 견고한 자를 평강하고 평강하도록 지키시리니 이는 그가 주를 신뢰함이니이다(사 26:3)

사랑과 능력이 무한하신 우리 주님을 찬양합니다. 성령으로 우리와 늘 함께하심을 감사드립니다.

긍휼과 자비가 풍성하신 하나님!

오늘은 아버지의 마음을 저의 심령 가운데 충만하게 하셔서 범사에 주님께 모든 영광을 돌리게 하시고, 깊고 높고 넓으신 아버지의 은혜를 헤아려 찬양을 돌리기 원합니다.

주님, 사랑하는 아이들을 아버지의 마음으로 품고 이해하며 함께 슬픔과 기쁨을 나누게 하시고 저들의 아픔을 보듬을 수 있도록 도와주옵소서.

주님, 비록 작은 것일지라도 아이들의 염려와 근심을 같이 고민하며 문제보다 크신 하나님의 은혜 안에서 함께 문제를 해결하게 하시고, 주 안에서 용기와 소망과 참 자유를 허락하여 주옵소서. 겉모습만 볼 때는 아무렇지 않아도 마음속 깊은 곳엔 누구나 크고 작은 상처가 있는 줄 압니다. 우리가 주님의 사랑으로 그들의 상처를 싸매 주고 어려운 상황에서도 함께 기도하여 혼자가 아님을 알게 하여 주옵소서.

주님, 상한 갈대도 꺾지 아니하시고 꺼져가는 불도 끄지 아니하시는 하나님의 마음을 저와 아이들이 헤아릴 수 있도록 도와주옵소서.

주님, 저희들은 내 속의 들보는 보지 못하고 남의 눈 속의 작은 티끌을 보며 간섭하며 판단하곤 합니다. 용서하여 주옵소서. 언제 어디서든지 남을 나보다 낫게 여기며 이웃을 겸손히 섬기는 저희가 되게 하시고, 항상 상대의 장점을 칭찬하며 격려로 세워 주는 그리스도인이 되게 하옵소서.

주님, 한 없이 넓고 깊으신 아버지의 마음을 부어 주셔서, 그 마음으로 아이들을 주님의 제자로 세워가는 교사의 사명을 감당하게 하옵소서.

예수 그리스도의 이름으로 기도드립니다. 아멘

성공하지 못한 사람을 위한 기도

이는 나 여호와 너의 하나님이 네 오른손을 붙들고 네게 이르기를 두려워하지 말라 내가 너를 도우리라 할 것임이니라(사 41:13)

하나님 아버지!
세상의 교회가 성공주의 복음에 빠져 더 높은 곳으로 올라가라고 외칩니다. 높은 자리와 많은 소유를 가진 자만이 복음을 증거하고 예수 그리스도를 나타낼 수 있다고 가르쳤습니다.
주님,
이제 아이들에게 가르칠 때에는 진짜 성공은 가난한 예수를 믿는 것이라고 가르치겠습니다. 우리 아이들 가슴속에 예수님은 가장 낮은 말구유에 태어나셨으며 가난한 목수의 아들로 자라나 형제와 자매와 부모를 위해 묵묵히 청년의 오랜 시간 동안 참고 일해 왔음을 가르치겠습니다.
예수님은 자신의 몸을 그렇게 가족을 위해 희생했으며 마지막에는 살과 몸을 찢김으로 온 인류를 위해 다 주었다고 가르치겠습니다.

아이들이 예수님을 믿겠다고 다짐할 때 그 가슴속에 빛나고 높은 세상의 왕좌가 아니라 냄새나며 더러웠고 추웠던 말구유에 태어나셨으며 가난한 가정에서 부모님을 모시고 형제와 자매를 위해 일했던 가난한 예수님으로 믿게 하겠습니다. 누군가를 위해 희생하는 자로, 다른 이를 위해 정직하게, 묵묵히 살아가는 자로 살아가도록 하겠습니다.

주님, 우리 아이들이 세상을 향해 묵묵히 섬기고 사랑하는 진짜 예수님의 사람들이 되게 하옵소서. 이 세상이 실패하고 낙망하며 가난한 자들이 넘쳐날 때에 따스한 그리스도인들로 인하여 위로 받는 그날이 속히 오게 하옵소서.

주님의 마음을 가진 진짜 성공한 그리스도인들로 인하여 실패한 자들의 가슴에 예수 그리스도의 사랑이 새겨지는 그날이 속히 오게 하소서.

우리 모두를 위해 모든 것을 내어 주신 가난한 이름 예수 그리스도의 이름으로 기도드렸습니다. 아멘

침묵을 견뎌 내게 하소서

> 주의 증거들은 놀라우므로 내 영혼이 이를 지키나이다 주의 말씀을 열면 빛이 비치어 우둔한 사람들을 깨닫게 하나이다(시 119:129,130)

사람을 사랑하시어 언제나 하나님의 뜻 가운데 굳건히 설 수 있도록 힘을 주시는 하나님 아버지!
우리 아이들이 자라감에 따라 각자의 삶을 향한 하나님의 신비로운 계획을 이해할 수 있기를 간절히 기도합니다. 작은 신음에도 응답하시고 광야 가운데 버려진 하갈과 이스마엘의 울부짖음에도 응답하셨던 것처럼 우리의 울부짖음과 애통함에 언제나 신실하게 응답하시는 하나님을 우리가 믿나이다.
그러나 때론 하나님은 우리에게 고독이라는 시간을 허락하심을 믿습니다. 영혼을 쥐어짜는 간절한 기도에도 우리는 홀로 광야에 버려진 것 같은 시퍼런 고독을 경험합니다. 이제 막 하나님을 알아가는 우리의 아이들이 이처럼 고독의 시간을 이해하기란 너무나 버겁습니다.

주님, 우리는 알고 있습니다. 이처럼 우리에게 고독의 시간이 찾아올 때 그것은 내 자아를 온전히 부수어 하나님의 신적 형상이 무엇인지 알 수 있도록 나를 드리는 과정이었음을 고백합니다.

침묵의 시간을 이해하는 것, 그것을 견디는 것, 자신의 생각을 부수고 하나님의 마음이 무엇인지 들을 수 있도록 하는 영적인 힘, 고독 가운데 경청하는 신앙의 힘을 우리 아이들이 기르기를 원합니다. 침묵을 견뎌야 함을, 모든 것이 합력하여 선을 이루신다는 그 말씀을 부여잡고 하나님의 뜻 가운데 서야 함을, 고통의 폭풍을 뚫고 마침내 빛을 보게 되는 그 찬란한 감격을 모든 인생 가운데 알게 하옵소서.

"하나님이 언제나 우리와 함께 하시는도다."

임마누엘의 하나님을 오롯이 경험하는 우리 아이들이 되기를 간절히 기도합니다.

예수 그리스도의 이름으로 기도드립니다. 아멘

거룩한 직업 의식을 갖게 하옵소서

> 항상 기뻐하라 쉬지 말고 기도하라 범사에 감사하라 이것이 그리스도 예수 안에서 너희를 향하신 하나님의 뜻이니라(살전 5:16~18)

하나님 아버지!
우리 아이들에게 비전을 주옵소서.
헛된 야망을 꿈꾸지 않게 하옵소서.
거룩한 하루의 삶을 살게 하옵소서.
부패한 물질과 허탄한 세상의 향락에 속한 직업이 아니라 하나님이 우리에게 주신 재능을 발견하기를 원합니다.
자신에게 주신 하나님의 달란트를 발견하여 미래를 꿈꾸기를 기도합니다.
하나님, 이 세상에 존재하는 모든 정직한 노동과 일에 귀천이 없음을 알게 하옵소서.
거룩한 청소부와 거룩한 성직자.
거룩한 재무관리자와 거룩한 노점 상인.
거룩한 병원 의료진과 거룩한 배달부.

이 모든 직업에 어느 것 하나라도 귀천이 없음을 고백합니다.
자기에게 주어진 자리에서 신념을 가지고 하루 하루를 근면하게 살아가며 하루 하루를 하나님 앞에 드리며 살아가는 거룩한 직업인들이 되게 하옵소서.
오직 잘나가는 연예인을 꿈꾸며, 오직 성공한 자리에 올라 많은 부를 소유하는 CEO를 꿈꾸며 시간을 낭비하고 하루의 소중함을 깨닫지 못하는 미련한 자가 되지 않기를 간절히 기도합니다.
주님, 오늘 우리에게 주신 이 자리, 우리가 살았던 하루, 이 정직한 노동의 자리가 하나님 앞에 참으로 칭찬받는 거룩한 자리임을 믿게 하옵소서.
언제나 우리와 함께하시는 예수 그리스도의 이름으로 기도드렸습니다. 아멘

나누며 흘려보내는 삶을 살게 하소서

> 하나님이 우리를 사랑하시는 사랑을 우리가 알고 믿었노니 하나님은 사랑이시라 사랑 안에 거하는 자는 하나님 안에 거하고 하나님도 그의 안에 거하시느니라(요일 4:16)

사랑이 많으신 하나님!
예수 그리스도를 보내 주셔서 모든 인간에게 영원한 구원의 선물을 주심을 감사드립니다. 우리 자녀들이 아버지의 선하신 마음과 긍휼한 마음을 닮기를 간절히 원합니다.
가진 것이 많아서가 아니라 흘려보내고 나누는 기쁨을 알게 하셔서 진심으로 긍휼한 마음을 갖고 나눠 주는 삶을 살게 하옵소서.
하나님이 인도하신 삶은 언제나 흘려보냄의 연속입니다. 사랑을 받고, 예수 그리스도의 생명을 받고, 도움을 받고, 기도를 받으며 지금까지 살아왔음을 고백합니다.
사랑의 하나님!
우리 아이들도 그렇게 많은 것을 받으며 하나님의

사랑을 깨닫게 될 것입니다. 받을 자격은 없으나 하나님께서 사랑하셔서서 끊임없는 은혜를 주시며 인도하고 계심을 알게 하옵소서. 그렇게 흘려보내 주시기에 지금의 우리가 있음을 고백하게 하옵소서.
주님, 우리 아이들도 이와 같이 하나님의 사랑으로 흘려보내는 사람이 되길 원합니다. 누군가는 우리의 흘려보내는 작은 정성을 통해 말로 위로 받을 수 없는 하나님을 보게 될 것입니다. 잡은 손을 놓지 않으시고 늘 함께하시는 하나님을 느끼게 될 것입니다. 작은 섬김은 한 사람의 인생을 바꿔 놓을 수 있는 위대한 섬김이 될 수도 있을 것입니다.
하나님, 우리 아이들이 자신의 것을 부족하다 생각하지 않게 하시고 하나님의 마음으로 어떤 상황에서든 다른 이를 향해 하나님의 사랑을 흘려보내는 사람이 되게 하셔서 아무도 관심 가져 주지 않았던 작은 생명을 살리는 위대한 섬김의 삶을 살게 하여 주시기를 간절히 기도합니다.
예수 그리스도의 이름으로 기도드립니다. 아멘

공감 능력을 가진 리더가
되게 하옵소서

> 우리가 지금은 거울로 보는 것 같이 희미하나 그 때에는 얼굴과 얼굴을 대하여 볼 것이요 지금은 내가 부분적으로 아나 그 때에는 주께서 나를 아신 것 같이 내가 온전히 알리라(고전 13:12)

이 세상을 보시며 마음 아파하는 하나님 아버지!
세상이 점점 악해져 가고 있고 상대방을 생각하고 배려하는 사회가 아니라 오로지 치열한 경쟁에서 살아남아야 하는 시대가 되어버린 지 오래입니다. 다른 사람은 서로 도와주는 협력자가 아니라 싸워서 이겨야 할 경쟁자일 뿐입니다. 서로의 마음을 솔직하게 열어놓고 보여 주기 어려운 세상이 되었습니다.

주님, 그리스도인들이라면 이렇게 치열한 경쟁사회 속에 쉼을 주는 사람이 되길 원합니다. 경쟁에서 낙오자가 되어 일어나지 못한 사람이 있다면 찾아가 함께 아파하고 위로하며 세워 주는 사람이 되길 원합니다.

주님, 우리 아이들이 좋은 마음 밭을 가꾸게 하여 주옵소서. 부모님은 성공과 부와 훌륭한 조건의 배우자를 위해 기도하는 것이 아니라 아이의 앞날을 좌지우지할 수 있는 성품에 대해 기도하게 하옵소서. 지금 당장 좋은 학교에 가기 위해 학원으로 아이의 몸과 영혼을 상하게 하는 것이라 예수님의 마음을 닮은 성품을 위해 기도하게 하옵소서. 세상에서는 언젠가 이러한 좋은 성품의 사람을 갈구하는 때가 반드시 올 것입니다.

무한경쟁에 닳고 닳은 심령들이 진심으로 자신들을 이해해 주고 공감해 주는 리더를 찾을 때가 반드시 올 것입니다. 메마르고 거친 심령들이 사람 냄새 나는 리더를 구하며 찾게 되는 때가 올 것입니다. 그때 예수님의 성품을 닮은 우리 아이들이 이 땅의 훌륭한 리더들이 되게 하옵소서. 권력과 부로 치장한 메마른 리더들 위로 예수의 마음 가득한 진실한 그리스도인들의 시대가 오게 하옵소서.

예수 그리스도의 이름으로 기도드립니다. 아멘

하나님의 문화를 창조하는 사람이 되게 하옵소서

> 너희는 유혹의 욕심을 따라 썩어져 가는 구습을 따르는 옛 사람을 벗어 버리고 오직 너희의 심령이 새롭게 되어 하나님을 따라 의와 진리의 거룩함으로 지으심을 받은 새 사람을 입으라(엡 4:22~24)

지혜와 지식의 하나님 아버지!

우리 아이들이 하나님 말씀 속에서 양육되고 자라게 하여 주심에 감사드립니다. 세상의 문화가 하나님을 대적하고 하나님을 멸시하는 문화로 타락하고 있습니다. 하나님을 믿는 백성들을 손가락질하여 미련하다고 조롱합니다. 하나님은 없다고, 하나님을 믿는 것은 미련한 것이라고, 하나님을 버리고 너희의 마음대로 죄를 즐기며 살아가라고 조정합니다.

하나님, 이것이 우리가 살고 있는 세상입니다. 우리의 아이들의 생각과 마음을 그리스도의 전신갑주로 무장하게 하여 주옵소서. 스스로 하나님을 갈망하여 하나님을 놓지 않고자 애쓰게 하옵소서. 세상에 나갔을 때 현란하고 달콤하며 자극 넘치는 문화들 속에서 굳건한 주의 심장으로 이겨내게 하옵소서. 이기는 것에 머물지 않고 세상의 문화를 하나님의 문화로 정복하는 자가 되게 하옵소서.
또한 자신 안에 있는 하나님의 달란트를 발견하여 하나님의 형상을 수놓는 인생을 그리게 하시며, 하나님의 사랑을 나타내는 문화를 마음껏 창조하고 발휘할 수 있게 하옵소서.
인간에게 있는 지혜는 하나님으로부터 오는 것인 줄 알기에 우리 아이들에게 하나님의 지혜를 넘치게 부어 주옵소서. 이 땅의 악한 문화를 점령하고 하나님의 거룩한 임재를 세상 곳곳에 수놓아 어둠의 세력들이 물러나고 묶였던 자들이 하나님의 자유를 경험하게 하옵소서.
하나님, 이 일들을 위해 우리 아이들을 사용하여 주옵소서. 하나님의 임재를 늘 갈망하며 하나님을 사랑하고 하나님을 언제나 생각하며 상고하는 우리 아이들 되게 하옵소서.
예수 그리스도의 이름으로 기도드립니다. 아멘

자기를 존중하며 사랑하게 하옵소서

인내를 온전히 이루라 이는 너희로 온전하고 구비하여 조금도 부족함이 없게 하려 함이라(약 1:4)

창조주 되신 하나님 아버지!

하나님께서 우리를 소중한 존재로 지으셨음을 알게 하옵소서. 어머니 모태에서 지음받기 전부터 나를 창조하셨다고 시편 기자는 고백합니다. 하나님, 우리는 우연히 잘못된 방법이나 실수로 창조되지 않았습니다. 시간을 만드시고 과거와 현재와 미래를 넘나드시며 우주를 밟고 말씀 한마디로 명령하시는 하나님께서 우리를 만드셨음을 믿습니다. 나의 존재, 우리 아이들의 존재가 온 우주의 어떤 창조물보다 뛰어난 이유는 사람이 하나님의 형상을 닮았기 때문입니다. 하나님은 우리를 세밀하고 존귀하게 지으셨으므로 우리 모두는 존귀한 존재입니다. 그러나 인간 스스로 자기를 경멸하고 학대하는 것을 보게 됩니다. 존재 가치를 깨닫지 못해 몸과 마음을 사탄에게 사로잡혀 죄 가운데서 비참하게 허우적대는 사람들을 봅니다.

하나님, 우리 아이들을 지켜 주옵소서. 하나님 안에서 자기를 발견하게 하소서. 하나님께서 부여한 거룩한 백성의 삶을 살게 하옵소서. 사탄의 속삭임에 넘어가 스스로를 실패한 인생이라고 생각하지 않게 하옵소서. 말씀과 기도와 예배를 통해 건강한 교회 공동체를 이루고 날마다 다시 일어서는 하나님의 딸과 아들이 되게 하옵소서. 하나님 안에서 성장하며 양육되어 그리스도인의 든든한 군사가 되게 하옵소서. 우리에게 주신 세상을 향한 소명을 이루게 하시고 점점 자라 세상이 감당하지 못하는 누룩이 되게 하옵소서. 이 세상을 하나님 나라로 변화시키는 자들이 되게 하옵소서. 자신을 존귀히 여기는 자가 다른 이를 존귀하게 여기고 섬길 수 있음을 알게 하시어 이 세상에서 헌신하는 진실한 그리스도인이 되기를 간절히 원합니다.

예수 그리스도의 이름으로 기도드립니다. 아멘

사람을 세우는 사람이 되게 하옵소서

> 너희 믿음이 사람의 지혜에 있지 아니하고 다만 하나님의 능력에 있게 하려 하였노라(고전 2:5)

만물을 창조하신 하나님 아버지!

살아 있는 생명은 또 다른 생명을 낳습니다. 그것이 하나님께서 창조하신 창조의 법칙입니다. 하나님께서 저와 아이들을 택하셨고 부르셨고 제자로 삼아 주셨습니다.

죽음으로 향했던 죄의 길을 벗어나 영원한 생명 되신 예수님을 만나게 된 것은 사람의 인생 중 최고의 선물입니다. 우리의 아이들이 그렇게 고백하기를 기도합니다.

주님, 우리가 주님을 만나 죄의 사슬을 끊고 하나님의 자녀가 되었음에도 불구하고 여전히 앞으로 나아가지 못한 채 제자리에 머물러 있기도 합니다. 살아 있는 생명이라면 자라나서 생명을 잉태하여 출산하여야 합니다.

우리는 복음을 품고 있습니다. 이 복음, 예수 그리스도의 씨앗을 우리 안에 활동하지 못한 채로 덮지 않게 하옵소서. 우리 아이들이 자라나 또 다른 생명을 마음에 품고 잉태하게 하옵소서. 죄에 묶여 있는 사람들을 찾아내서 그 사슬을 끊게 하고 생명의 사람이 되도록 복음을 뿌리는 자가 되게 하옵소서. 복음의 왕성한 열정으로, 한사람의 인생이 다시 돌아올 때까지 끝까지 참는 아버지의 마음으로, 한 명의 영혼이라도 전 생애를 다해 기도하고 품게 하옵소서. 한 명의 사람이 주님께로 돌아오는 것이 어떤 것보다 귀하다고 하셨습니다.

우리 아이들이 생명력 있는 사람으로 자라게 하옵소서. 사람을 품고 사람을 세우는 자들이 되게 하옵소서. 하나님의 아들과 딸이 되도록 뿌리며 지지하며 격려하며 기도하는 생명의 전도자가 되게 하옵소서.

감사드리며 우리를 제자로 불러 주신 예수 그리스도의 이름으로 기도드렸습니다. 아멘

꿈꾸게 하옵소서
하나님의 소망을 말하게 하옵소서

> 내가 여호와께 그의 의를 따라 감사함이여 지존하신 여호와의 이름을 찬양하리로다(시 7:17)

약속의 하나님!

하나님께서 사람으로 하여금 미래를 기대하는 희망을 주셨습니다. 좌절의 자리에서 희망을 말하게 하소서. 불평의 자리에서 감사로 승화시키게 하소서. 십자가에서 못 박힌 채로 좌편과 우편에 있는 죄인들을 위해 기도하셨던 예수님의 사랑을 생각하게 하소서.

억울함을 당했을 때에 나의 사정을 아시고 내 형편을 모두 이해하시는 하나님의 전능하신 눈을 보게 하옵소서.

앞이 보이지 않는 늘 똑 같은 하루의 삶을 살고 있을 때에 영원한 천국의 삶을 보여 주옵소서. 늘 꿈꾸는 사람이 되게 하옵소서. 헛된 야망이 아니라 하나님이 보여 주시는 비전을 보게 하옵소서. 친구에게, 부모에게, 형제와 자매에게, 남편에게, 아내에게, 자식에게 하나님의 희망을 말하게 하여 주옵소서.

그것이 이루어지지 않더라도 희망을 말하였던 입술의 고백으로 말미암아 하나님 보좌 앞에 서게 하옵소서.

그렇게 평생을 꿈꾸게 하옵소서. 하나님의 소망만을 말하게 하옵소서. 우리를 속이는 거짓에 귀 기울이지 않게 하시고 달콤한 유혹 앞에서 단호하게 돌아서게 하옵소서.

야곱에게 허락하셨던 약속을 저희에게도 허락하시고 끝까지 인내하며 믿음으로 열매 맺게 하옵소서.

우리를 죄에서 구원하신 예수 그리스도의 이름으로 기도드립니다. 아멘

바른 가치관을 위해

> 하나님이 자기 형상 곧 하나님의 형상대로 사람을 창조하시되 남자와 여자를 창조하시고(창 1:27)

하나님의 성품과 형상대로 사람을 만드신 하나님 아버지!
우리 아이들을 주님의 창조 섭리를 따라 태어나고 아름답게 자라나게 하시니 감사합니다.
그러나 이들이 살아가야 할 세상이 하나님께서 처음 만드신 그 모습이 아니기에 안타까운 마음입니다. 또한 우리 아이들도 하나님의 뜻보다는 세속적인 유혹에 쉽게 귀 기울일 수 있는 상황이기에 안타깝습니다.
사랑의 주 하나님!
우리 아이들이 세상 가운데에서 살아가면서도 세상 풍조에 동화되지 않게 하여 주옵소서. 세상은 나날이 경쟁이 치열해지고, 이기적인 마음이 보편화되고, 남을 누르고, 밟고 일어서야만 살 수 있는 세상이 되어가고 있습니다. 생명을 소중히 여기지 않고, 다른 사람을 배려하는 마음이 점점 사라지고 있습니다. 이러한 세상 풍조에 빠져들기 전, 우리 아이들이 하나님의 성품을 닮게 하여 주옵소서. 정의는 살아있으며, 선이 반드시 악을 이기며, 남을 배려하고 양보하는 마음이 하나님의 마음임을 알게 하소서. 하나님의 마음을 품을 때 진정한 삶의 가치를 얻을 수 있음을 알게 하옵소서.

세상에 의를 세우신 하나님!

아이들이 무슨 일을 선택하든 하나님이 기뻐하시는 것이 무엇일까 고민하게 하여 주시고, 어려운 이웃을 향해 긍휼한 마음을 품게 하시며, 작은 손길 내밀어 섬길 줄 아는 이가 되게 하옵소서. 참된 진리가 하나님의 말씀 안에 있음을 믿고 하나님의 말씀 속에서 답을 찾게 하옵소서. 세상 가운데 살고 있으나 세상에 빠지지 않고 세상 어둠을 밝히는 빛과 썩어 냄새나는 곳을 지켜낼 소금이 되게 하옵소서. 예수 그리스도의 이름으로 기도드립니다. 아멘

주신 재능을 잘 살려
하나님께 영광 돌리길 바라며

> 또 어떤 사람이 타국에 갈 때 그 종들을 불러 자기 소유를 맡김과 같으니 각각 그 재능대로 한 사람에게는 금 다섯 달란트를, 한 사람에게는 두 달란트를, 한 사람에게는 한 달란트를 주고 떠났더니 (마 25:14~15)

모든 아이들에게 개성을 주신 하나님!
아이들을 각각 다른 모양으로 아름답게 창조하시고 독특한 성격과 취향과 능력을 주심을 감사합니다.
우리 아이들도 하나님의 창조 역사와 섭리를 믿고 하나님을 더 깊이 알게 하여 주옵소서. 특별히 우리 아이들이 자기 자신을 생각할 때 하나님이 보내신 소중한 존재임을 깨닫게 하여 주옵소서.
그저 자신의 존재 자체만으로도 생명의 신비를 담은, 하나님의 형상을 따라 지음 받은 소중한 존재임을 알게 하여 주옵소서.
자신에게 주신 하나님의 특별한 은사를 깨닫게 하여 주옵소서.

아이들에게 각각 다양한 은사와 풍부한 재능을 주셔서 감사합니다. 아이들이 지금 자신의 모습이 전부일 거라고 생각하여 낙심하지 않게 해 주시고 하나님께서 자신 안에 무한한 잠재력을 주셨음을 믿게 하여 주옵소서. 또한 재능을 갈고 닦을 수 있는 부지런하고 성실한 마음도 허락하셔서 더 나은 실력을 갖추도록 노력하는 마음도 주옵소서.

주님, 무엇보다 주신 재능을 하나님의 영광을 위해 사용할 수 있게 하옵소서. 이 땅에 우리가 존재하는 이유는 하나님을 찬송케 하기 위함임을 우리 아이들이 깨달아 알게 하옵소서. 아름다운 목소리, 다재다능한 손재주, 온몸으로 표현하는 재주, 건강한 몸, 언변, 통찰력, 지혜 등 모든 재능을 통하여 하나님을 찬양하고 높여드릴 수 있는 아이들이 되게 하여 주옵소서. 자신의 욕심을 위해 쓰기보다 하나님의 영광을 위해 사용하고자 하는 하나님의 참 자녀들이 되게 하옵소서.

예수 그리스도의 이름으로 기도드립니다. 아멘

사랑하는 학생들의 세계관을 위한 기도

여호와께서 너를 지켜 모든 환난을 면하게 하시며 또 네 영혼을 지키시리로다 여호와께서 너의 출입을 지금부터 영원까지 지키시리로다(시 121:7,8)

사랑의 하나님!

주님의 말씀만이 제 발의 등이고 제 길의 빛입니다. 주님의 말씀이 있어야만 제가 잘못된 길로 가지 않고 어두워 넘어지지 않을 수 있습니다.

그런데도 세상은 말씀대로 어떻게 살아가느냐고 계속 거짓말합니다. 우리 아이들에게서 등과 빛을 빼앗으려 합니다.

하나님 아버지!

학생들이 성경적인 세계관으로 이 땅의 문화를 건강하게 회복시키고 교회를 부흥시키며 마침내 이 세상에 참된 평안을 이룰 수 있는 그리스도의 사람들이 되게 해 주옵소서.

 아이들이 교과서에서 배우는 것을 생각없이 받아들이지 않고 반드시 성경적 세계관으로 걸러낼 수 있도록, 그리고 마침내 그것들을 하나님이 주시는 지혜와 모략으로 세상에 당당히 소리낼 수 있는 뛰어난 지혜자로 삼아 주옵소서.

사탄이 주는 생각들은 우리 아이들을 도적질하고, 죽이고 멸망시키려는 것뿐임을 알게 해 주시고 하나님 말씀은 그 어느 것이든 내게 유익한 것임을 믿고 지켜 행하는 믿음의 용사들로 삼아 주옵소서.

특별히 교사된 저희의 안에도 인본주의와 세속주의, 물질주의와 외모주의, 각종 악하고 거짓된 세계관이 가득함을 고백합니다.

저의 모든 가치관을 성경적인 가치관으로 바꿔 주시고 거짓된 것은 바로 찾아낼 수 있도록 분별력을 주옵소서.

제 삶의 주인이 제가 아니라 주님이심을 늘 기억하게 해 주셔서 마침내 하나님이 그려내실 선한 큰 그림을 기대하며 주의 뜻에 저를 맞추어 나가는 사람들이 되게 해 주옵소서.

예수 그리스도의 이름으로 기도드립니다. 아멘

학생들을 축복하는 기도

오직 여호와를 앙망하는 자는 새 힘을 얻으리니 독수리가 날개치며 올라감 같을 것이요 달음박질하여도 곤비하지 아니하겠고 걸어가도 피곤하지 아니하리로다(사 40:31)

하나님, 제게 맡겨 주신 귀한 학생들을 축복하며 주님께 올려드립니다.

주님, 저희 학생들의 평생에 주님이 친히 동행해 주시고 주의 선하심을 맛보아 아는 자들 되게 해 주옵소서.

주님, 저들이 주님 한 분만으로 만족하는 진짜 그리스도인이 되게 해 주시고 삶의 고난과 역경 앞에서도 신실하신 하나님을 신뢰할 수 있도록 도와주옵소서.

주님, 저희 아이들이 하나님의 말씀을 사랑하는 자가 되게 해 주시고 말씀을 읽을 때마다 하늘의 지혜를 부어 주셔서 말씀을 밝히 알고 진리를 옳게 분별하는 자들 되게 해 주옵소서.

주님, 아이들이 복음 전하는 일에 자신의 의지를

기쁘게 사용할 수 있도록 축복해 주옵소서.

주님, 이 아이들이 장성해서는 어린아이의 일을 버리고 그리스도의 장성한 분량에까지 이르러 자신들이 받았던 것처럼 다른 사람을 사랑하고 섬기는 그리스도의 일꾼들이 되게 해 주시고, 하나님이 허락하신 모든 권위에 겸손히 순종하는 순종의 복을 누리게 해 주옵소서.

주님, 이 아이들이 장차 조국 대한민국에 하나님의 나라를 세우는 민족의 일꾼들이 되게 해 주옵소서.

주님, 이들이 밤이 깊고 어두울수록, 더욱 밝게 빛나는 새벽별이 되게 해 주옵소서. 어디서나 깨끗한 그릇으로 다른 사람들을 일깨우게 해 주시고, 주님을 위해서는 기꺼이 대가를 지불하는 용사들 되게 해 옵소서.

그 무엇보다도 가장 큰 복이 되신 예수 그리스도로 살고 죽는 아이들 되게 해 주옵소서.

살아 계신 예수 그리스도의 이름으로 기도드립니다. 아멘

• 따뜻한 감동을 주는 글

한 어머니가 유치원 모임에 갔습니다.
선생님이 어머니에게 말했습니다.
"아드님은 산만해서 단 3분도 한 자리에 있지를 못합니다."
어머니는 집에 돌아오는 길에, 아들에게 말했습니다.
"선생님께서 너를 칭찬하셨어.
의자에 1분도 못 앉아 있던 네가 이제는 3분이나 앉아 있다며,
기특해 하셨어. 다른 엄마들이 모두 나를 부러워하더구나!"
아들은 그날 평소와 달리 밥투정 한 번 하지 않고,
밥을 두 공기나 뚝딱 비웠습니다.

아들이 초등학교에 들어갔습니다.
어머니는 선생님과의 면담을 위해 학교를 찾아갔습니다.
선생님은 어머니에게
"아드님은 성적이 몹시 안 좋아요. 지능검사를 받아보세요."
그 말을 들은 어머니는 눈물이 왈칵 쏟아질 만큼 속상했지만,
집에 돌아가 아들에게는 이렇게 말했습니다.

"선생님께서 너를 믿는다고 하셨어. 넌 결코 머리 나쁜 학생이
아니라면서... 조금만 더 노력하면 좋겠대."
어머니의 말이 끝나자 어두웠던 아들의 표정이 환하게 밝아졌습니다. 그 후 지금까지 보였던 모습보다 훨씬 착하고 의젓해진 듯했습니다.

아들이 이제 중학교에 들어갔습니다.
고등학교 진학 상담을 위해 학교에 찾아간 어머니께
담임선생님은 이렇게 말했습니다.
"아드님의 성적으로 명문고 진학은 좀 어려울 것 같습니다."
어머니는 교문 앞에서 기다리던 아들과 함께
집으로 돌아가며 또 이렇게 전했습니다.
"담임 선생님께서 너를 무척 자랑스럽게 생각하시더라.
네가 조금만 더 노력하면 명문고에 충분히 들어갈 수 있다고
하셨어."

아들은 끝내 명문고에 들어갔고,
뛰어난 학업 성적으로 졸업을 하게 됩니다.
그리고 아들은 경찰대학 합격 통지서를 받습니다.
아들은 대학 입학 허가 도장이 찍힌 우편물을 어머니의 손에
쥐어드리며, 엉엉 울며 말했습니다.

"어머니, 제가 똑똑한 아이가 아니라는 건 저도 잘 알아요.
그 동안 어머니의 격려와 사랑이 오늘의 저를 만든 거에요.
감사합니다. 어머니!"

_ 범죄심리 분석관인 표창원 범죄과학연구소 소장의
실제 이야기입니다.

학생 기록 카드

성 명		생년월일	
연 락 처		이 메 일	
주 소			
보 호 자		보호자 연락처	
비 고			

성 명		생년월일	
연 락 처		이 메 일	
주 소			
보 호 자		보호자 연락처	
비 고			

성 명		생년월일	
연 락 처		이 메 일	
주 소			
보 호 자		보호자 연락처	
비 고			

성 명		생년월일	
연 락 처		이 메 일	
주 소			
보 호 자		보호자 연락처	
비 고			

성 명		생년월일	
연 락 처		이 메 일	
주 소			
보 호 자		보호자 연락처	
비 고			

성 명		생년월일	
연 락 처		이 메 일	
주 소			
보 호 자		보호자 연락처	
비 고			

성 명		생년월일	
연 락 처		이 메 일	
주 소			
보 호 자		보호자 연락처	
비 고			

성 명		생년월일	
연 락 처		이 메 일	
주 소			
보 호 자		보호자 연락처	
비 고			

성 명		생년월일	
연 락 처		이 메 일	
주 소			
보 호 자		보호자 연락처	
비 고			

성 명		생년월일	
연 락 처		이 메 일	
주 소			
보 호 자		보호자 연락처	
비 고			

성 명		생년월일	
연 락 처		이 메 일	
주 소			
보 호 자		보호자 연락처	
비 고			

성 명		생년월일	
연 락 처		이 메 일	
주 소			
보 호 자		보호자 연락처	
비 고			

학생 출석부

성 명	
연 락 처	
이 메 일	

구분	1월	2월	3월	4월
1				
2				
3				
4				
5				

성 명	
연 락 처	
이 메 일	

1				
2				
3				
4				
5				

성 명	
연 락 처	
이 메 일	

1				
2				
3				
4				
5				

성 명	
연 락 처	
이 메 일	

1				
2				
3				
4				
5				

구분	5월	6월	7월	8월	9월	10월	11월	12월
1								
2								
3								
4								
5								

1								
2								
3								
4								
5								

1								
2								
3								
4								
5								

1								
2								
3								
4								
5								

성 명			구분	1월	2월	3월	4월
			1				
			2				
연 락 처			3				
			4				
이 메 일			5				

성 명			1				
			2				
연 락 처			3				
			4				
이 메 일			5				

성 명			1				
			2				
연 락 처			3				
			4				
이 메 일			5				

성 명			1				
			2				
연 락 처			3				
			4				
이 메 일			5				

구분	5월	6월	7월	8월	9월	10월	11월	12월
1								
2								
3								
4								
5								

1								
2								
3								
4								
5								

1								
2								
3								
4								
5								

1								
2								
3								
4								
5								

성 명		구분	1월	2월	3월	4월
		1				
		2				
연 락 처		3				
		4				
이 메 일		5				

성 명						
		1				
		2				
연 락 처		3				
		4				
이 메 일		5				

성 명						
		1				
		2				
연 락 처		3				
		4				
이 메 일		5				

성 명						
		1				
		2				
연 락 처		3				
		4				
이 메 일		5				

구분	5월	6월	7월	8월	9월	10월	11월	12월
1								
2								
3								
4								
5								

1								
2								
3								
4								
5								

1								
2								
3								
4								
5								

1								
2								
3								
4								
5								

부록 | 학생 기록 카드 / 출석부 / 교사 기도 노트

성 명	
연 락 처	
이 메 일	

구분	1월	2월	3월	4월
1				
2				
3				
4				
5				

성 명	
연 락 처	
이 메 일	

1				
2				
3				
4				
5				

성 명	
연 락 처	
이 메 일	

1				
2				
3				
4				
5				

성 명	
연 락 처	
이 메 일	

1				
2				
3				
4				
5				

구분	5월	6월	7월	8월	9월	10월	11월	12월
1								
2								
3								
4								
5								

1								
2								
3								
4								
5								

1								
2								
3								
4								
5								

1								
2								
3								
4								
5								

교사 기도 노트

　　　　　　　　　　　　　　　　　　년　월　일

● 기도제목 : _____ 를 위한 기도

● 응답과정

　　　　　　　　　　　　　　　　　　년　월　일

● 기도제목 : _____ 를 위한 기도

● 응답과정

　　　　　　　　　　　　　　　년　월　일

- 기도제목 : _____ 를 위한 기도

- 응답과정

　　　　　　　　　　　　　　　년　월　일

- 기도제목 : _____ 를 위한 기도

- 응답과정

　　　　　　　　　　　　　년　월　일

● 기도제목 : _____ 를 위한 기도

● 응답과정

　　　　　　　　　　　　　년　월　일

● 기도제목 : _____ 를 위한 기도

● 응답과정

　　　　　　　　　　　　　　　　　　년　월　일

- **기도제목 :** _____ 를 위한 기도

- **응답과정**

　　　　　　　　　　　　　　　　　　년　월　일

- **기도제목 :** _____ 를 위한 기도

- **응답과정**

년 월 일

- 기도제목 : _____ 를 위한 기도

- 응답과정

년 월 일

- 기도제목 : _____ 를 위한 기도

- 응답과정

　　　　　　　　　　　　　　　　　　　년　월　일

- 기도제목 : _____ 를 위한 기도

- 응답과정

　　　　　　　　　　　　　　　　　　　년　월　일

- 기도제목 : _____ 를 위한 기도

- 응답과정

　　　　　　　　　　　　　　　　년　월　일

● 기도제목 : _____ 를 위한 기도

● 응답과정

　　　　　　　　　　　　　　　　년　월　일

● 기도제목 : _____ 를 위한 기도

● 응답과정

　　　　　　　　　　　　　　　　　년　월　일

- 기도제목 : _____ 를 위한 기도

- 응답과정

　　　　　　　　　　　　　　　　　년　월　일

- 기도제목 : _____ 를 위한 기도

- 응답과정

년　월　일

- 기도제목 : _____ 를 위한 기도

- 응답과정

년　월　일

- 기도제목 : _____ 를 위한 기도

- 응답과정

년   월   일

- 기도제목 : _____ 를 위한 기도

- 응답과정

년   월   일

- 기도제목 : _____ 를 위한 기도

- 응답과정

년 월 일

● 기도제목 : _____ 를 위한 기도

● 응답과정

년 월 일

● 기도제목 : _____ 를 위한 기도

● 응답과정

년   월   일

- 기도제목 : _____ 를 위한 기도

- 응답과정

년   월   일

- 기도제목 : _____ 를 위한 기도

- 응답과정